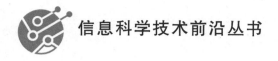

信息科学技术前沿丛书

智慧物流：
仓储与配送中的智能算法

周亦鹏　著

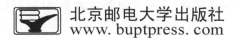

北京邮电大学出版社
www.buptpress.com

图书在版编目(CIP)数据

智慧物流：仓储与配送中的智能算法 / 周亦鹏著． - - 北京：北京邮电大学出版社，2023.12
ISBN 978-7-5635-7159-8

Ⅰ．①智… Ⅱ．①周… Ⅲ．①智能技术－应用－物流管理 Ⅳ．①F252.1-39

中国国家版本馆 CIP 数据核字(2023)第 247451 号

策划编辑：刘纳新　姚顺　　责任编辑：姚顺　谢亚茹　　责任校对：张会良　　封面设计：七星博纳

出版发行：	北京邮电大学出版社
社　　址：	北京市海淀区西土城路 10 号
邮政编码：	100876
发 行 部：	电话：010-62282185　传真：010-62283578
E-mail：	publish@bupt.edu.cn
经　　销：	各地新华书店
印　　刷：	北京虎彩文化传播有限公司
开　　本：	720 mm×1 000 mm　1/16
印　　张：	10.75
字　　数：	205 千字
版　　次：	2023 年 12 月第 1 版
印　　次：	2023 年 12 月第 1 次印刷

ISBN 978-7-5635-7159-8　　　　　　　　　　　　　　　　定　价：58.00 元

·如有印装质量问题，请与北京邮电大学出版社发行部联系·

前　　言

随着物联网、移动互联网、机器人、大数据和人工智能等技术的发展,物流行业迎来了智能化、无人化和网络化的智慧物流时代,物流各环节实现了高效运转和协同。仓储和配送作为物流中最重要的两个环节,对智慧物流整体运作效能的发挥起着举足轻重的作用。传统仓储和配送都是劳动力密集型的作业模式,需要大量人力,且效率低、易出错、成本高。随着仓储配送智能化、无人化的发展,物流运作效率和实时响应能力大幅提升,同时也解放了大量的人力、物力,降低了物流成本。

伴随着电子商务等行业的快速发展,海量订单的高效处理和拣选、商品的即时配送要求都极大地刺激了智能仓储和配送技术的发展与应用。国内外知名电商和物流企业不断加大智慧仓、配送机器人和智能系统的建设,智慧仓日均上百万甚至数百万包裹的处理效率是传统仓的几倍、十几倍,而仓储员工人数却只有原来的几分之一,甚至十分之一。同时,拣货员的行走距离也从传统仓的两万多步下降到了智慧仓的两千多步,工作强度大大降低。

智慧物流有两大技术基础:无人装备和智慧大脑。机器人是无人装备的代表,而智慧大脑则是智慧物流的中枢。智慧物流中的机器人,已不单是传统的工业机器人,而是被人工智能、深度学习、图像智能识别、大数据应用等诸多先进技术进行了智慧赋能,它们具备了自主的判断和行为能力,能够适应不同的场景、商品类型与形态,可以通过协同与配合完成各种复杂的任务。而这个"智慧大脑"的核心就是各种先进的智能算法,能够有效地处理大量的、种类繁多的物流信息,提高信息的处理效率,做出智能决策,实现对仓储和配送各个环节的智能控制,使得整个系统具有了学习能力、适应能力、决策能力和组织能力。

本书在国内外智慧物流和智能算法相关工作的基础上,针对智慧仓储中的出入库管理、四向穿梭车系统的货位优化和订单分配、机器人拣选路径规划,以及智慧配送中的需求可拆分、车辆-无人机组合配送等问题展开研究,结合深度学习、遗传算法、粒子群算法等设计相应的模型和求解算法,为从事相关领域的科研工作者和工程技术人员提供可借鉴的理论指导。

由于作者水平有限,书中难免有疏漏和不足之处,恳请读者批评指正!

作　者

目 录

第 1 章 智慧物流与智能算法 ………………………………………………… 1

1.1 智慧物流 ……………………………………………………………… 1
1.1.1 智慧物流概述 ……………………………………………… 1
1.1.2 智慧仓储 …………………………………………………… 2
1.1.3 智慧配送 …………………………………………………… 5
1.2 智慧物流中的典型智能算法 ………………………………………… 9
1.2.1 进化计算 …………………………………………………… 9
1.2.2 群智能算法 ………………………………………………… 12
1.2.3 图搜索算法 ………………………………………………… 16
1.2.4 人工神经网络与深度学习算法 …………………………… 17

第 2 章 基于深度学习的出入库管理智能计数算法 ……………………… 21

2.1 基于深度学习的目标识别与跟踪 …………………………………… 21
2.1.1 基于深度学习的目标识别算法概述 ……………………… 21
2.1.2 基于深度学习的目标跟踪算法概述 ……………………… 22
2.1.3 YOLOv5 目标识别方法 …………………………………… 23
2.1.4 Deep Sort 多目标跟踪方法 ………………………………… 26
2.2 智慧仓储场景下的目标识别算法优化 ……………………………… 26
2.2.1 YOLOv5 目标识别算法的优化 …………………………… 26
2.2.2 出入库环境下的目标识别实验 …………………………… 30
2.3 出入库智能计数及应用 ……………………………………………… 32
2.3.1 模型构建与应用方案 ……………………………………… 32

        2.3.2 目标跟踪算法的设计 …… 33
        2.3.3 计数结果的后置校验 …… 36
    2.4 本章小结 …… 41

第 3 章 仓储货位优化与四向穿梭车任务排序 …… 42
    3.1 仓储货位分配与任务调度问题 …… 42
    3.2 四向穿梭车仓储系统 …… 44
        3.2.1 系统概述 …… 44
        3.2.2 系统出入库流程 …… 46
    3.3 四向穿梭车仓储货位优化模型 …… 48
        3.3.1 问题描述与假设 …… 48
        3.3.2 货位优化模型 …… 49
    3.4 四向穿梭车任务排序模型 …… 52
        3.4.1 问题描述与假设 …… 52
        3.4.2 设备运行状态分析 …… 53
        3.4.3 不跨层四向穿梭车模式 …… 57
        3.4.4 跨层四向穿梭车模式 …… 59
    3.5 基于遗传算法的任务排序与货位分配优化 …… 61
        3.5.1 算法设计 …… 61
        3.5.2 仿真实验 …… 64
    3.6 本章小结 …… 70

第 4 章 智能拣选机器人的路径规划算法 …… 72
    4.1 智能拣选机器人作业环境及建模 …… 72
        4.1.1 智能拣选仓储系统 …… 72
        4.1.2 智能拣选仓储环境建模 …… 73
    4.2 智能拣选机器人建模 …… 76
        4.2.1 AMR 及任务模型 …… 76
        4.2.2 AMR 的时间窗模型 …… 78

4.3 智能拣选机器人动态路径规划 ··· 82
    4.3.1 A*算法求解最短路径 ··· 82
    4.3.2 AMR 路径规划算法 ·· 85
    4.3.3 AMR 路径规划仿真实验 ·· 87
4.4 本章小结 ··· 95

第 5 章 需求可拆分的配送路径规划 ·· 96

5.1 需求可拆分路径规划（SDVRP）概述 ·· 96
    5.1.1 SDVRP 问题 ··· 96
    5.1.2 SDVRP 可行解的基本特征 ·· 98
    5.1.3 SDVRP 问题的衍生类型 ··· 98
5.2 SDVRP 模型构建 ·· 99
    5.2.1 基本假设 ·· 99
    5.2.2 模型构建 ·· 100
    5.2.3 配送流程 ·· 102
5.3 求解 SDVRP 问题 ·· 103
    5.3.1 利用粒子群优化算法求解 ··· 103
    5.3.2 算法的实现步骤 ·· 105
    5.3.3 仿真实验 ·· 108
5.4 求解带时间窗的 SDVRP 问题 ··· 118
    5.4.1 带时间窗的 SDVRP 问题模型构建 ······························· 118
    5.4.2 对粒子群优化算法的改进 ··· 121
    5.4.3 利用改进粒子群优化算法求解 SDVRPTW ····················· 125
    5.4.4 仿真实验 ·· 129
5.5 本章小结 ··· 143

第 6 章 车辆-无人机组合配送 ·· 145

6.1 无人机配送 ·· 145
    6.1.1 无人机配送发展现状 ·· 145

  6.1.2 车辆-无人机组合配送运行模式 ……………………………………… 146
 6.2 车辆-无人机组合配送模型 ………………………………………………… 148
  6.2.1 车辆-无人机组合配送网络 ……………………………………………… 148
  6.2.2 车辆-无人机组合配送模型构建 ………………………………………… 149
 6.3 车辆-无人机组合配送求解算法 …………………………………………… 153
  6.3.1 算法基本流程 ……………………………………………………………… 153
  6.3.2 临时停靠点选择 …………………………………………………………… 154
  6.3.3 遗传算法求解无人机路径 ………………………………………………… 155
  6.3.4 车辆-无人机组合配送优化策略 ………………………………………… 156
  6.3.5 仿真实验 …………………………………………………………………… 158
 6.4 本章小结 ………………………………………………………………………… 161

参考文献 ……………………………………………………………………………… 162

第1章
智慧物流与智能算法

1.1 智慧物流

1.1.1 智慧物流概述

智慧物流是以信息化、数字化为支撑,广泛应用物联网、人工智能、大数据、云计算等新一代信息技术,在物流价值链的包装、运输、仓储、装卸搬运、流通加工、配送、信息服务等各个环节实现系统感知、数据采集、智能作业和流程优化的智能型物流系统。

相比传统物流,智慧物流最大的特点是数字化＋智能化＋协同一体化。智慧物流的本质是通过数字化、智能化赋能,实现人与物、物与物之间的物流信息交互和物流供应链上下游的高效、精准协同运作,完成货物从供应者向需求者的大规模、个性化移动,形成新型的物流形态和社会资源的高效配置。

中国物流行业在经历了机械化、自动化阶段后,已经开始进入智慧化的发展阶段。目前国内智慧物流行业发展迅猛,政策环境持续改善,物流互联网逐步形成,物流大数据和人工智能得到应用,物流云服务强化保障,协同共享助推模式创新。具体来说,当前国内智慧物流的发展和产业应用主要体现在智慧仓储、智慧配送、智慧供应链等几个方面。

(1) 智慧仓储。通过应用物联网、自动化设备、机器人、仓库管理和控制系统等,实现仓储管理作业环节中对货品、数量、位置、载体等信息的实时自动采集、分析、优化、决策,从而达到对仓储系统的智慧管理、计划与控制;借助自主移动机器人、传送设备、智能穿梭车、5G通信等技术,实现货物装卸、堆垛、传送、分拣等自动化作业;以数据驱动的人工智能算法实现仓储系统中各主体之间的紧密配合与协同作业,快速、准确地完成货物入库、上架、拣选、补货、出库、监测等各环节的操作。

(2)智慧配送。依托新一代信息技术,深度挖掘物流大数据,形成全面感知、深度融合、主动服务、科学决策的分析体系,实现资源优化配置,推动物流运输与配送更加便捷、环保、高效。通过应用车辆识别和定位导航技术、5G移动通信与物联网技术、人工智能与自动驾驶技术等,实现车辆调度与管理,降低货物运输成本,缩短货物送达时间。通过实时定位和移动轨迹挖掘、配送路径优化、多目标决策等技术,对订单信息和货物位置信息进行分析,计算最优配送方案,解决路线选择、配送顺序等问题,实现配送信息的数字化、配送决策的智能化、配送资源利用效能的最大化、配送服务质量的最优化。

(3)智慧供应链。利用大数据、云计算等技术构建完善的智慧供应链信息感知、传输、存储和处理系统,对供应链各环节的生产数据、采购需求、物料计划、配送管理、仓库管理等数据进行采集、交换、整合和分析,为保障供应链的安全、高效运作,以及相关决策的制定提供依据。智慧供应链的本质在于供应链上下游节点企业在商流、信息流、物流、资金流等方面实现无缝对接,尽可能消除信息壁垒,实现供应链的智能化、数字化、可视化,解决供应链效率与效能问题。

1.1.2 智慧仓储

1. 智慧仓储的概念与特征

仓储是物流运作中非常重要的环节之一。伴随着数字技术的迅猛发展,人工智能、大数据、物联网、机器人等技术在仓储的诸多场景中实现落地应用,促进了企业与行业的降本、提效、增能,仓储管理进入智慧化时代。智慧仓储通过物联网、自动化设备、仓储管理系统和控制系统,实现数据的获取、计算、分析、优化和决策,从而达到对仓储系统的智慧管理、计划与控制。

2. 仓储机器人及关键技术

伴随着智慧仓储的兴起,移动机器人在智慧仓储领域充当了越来越重要的角色。仓储是物流过程中的一个重要步骤,智慧仓储的应用能够保证货物仓储管理中各个环节数据输入的准确性,确保企业及时获得相关货物数据,合理控制企业的库存数据。移动机器人利用其灵活性、高效性、负重强等特点能够代替人工进行货物的搬运,极大地提高了货物的搬运效率。在智慧仓储行业,移动机器人可称为智慧仓储机器人。按功能应用分类,智慧仓储机器人可以分为 AGV 机器人、码垛机器人、分拣机器人、AMR 机器人、RGV 机器人五大类。

AGV 机器人主要通过有轨道和无轨道两种方式进行货物的搬运,其中,有轨道就是沿着预定的轨道进行常规化作业,而无轨道可以自由灵活作业,智能化程度更高。码垛机器人能够根据不同的货物类型进行不同程度的货物堆叠,对于某些重型货物,码垛机器人可以有效地完成货物的搬运堆叠。分拣机器人利用图像识别技术完成货物的快速分类挑拣,并且利用机械臂将货物放到指定位置。AMR 机器人的功能与 AGV 机器人类似,但其自由操作性更强、成本更低,能够实现货物的快速部署。RGV 机器人是一种基本的仓储机器人,其能够穿梭在仓储货架之间,配合叉车等机械设备搬运货物,适用于密集的仓储货架区域。

智慧仓储机器人的有效使用一方面解决了仓储管理中货物运输慢、货物摆放杂乱等问题,特别在大型企业的仓储货运中,智慧仓储机器人逐渐代替了人工,大大降低了企业的人工成本;另一方面,智慧仓储机器人可以避免人工操作中可能存在的误操作、疲劳等问题,保障操作的安全性和稳定性。智慧仓储机器人的出现推动了物流行业的技术升级,促进了物流业的数字化、智能化、自动化发展。越来越多的企业投入智慧仓储的建设。

智慧仓储机器人的核心技术包括自主定位导航技术、图像识别技术、路径规划技术。智慧仓储机器人自主定位导航技术是指仓储机器人利用自身的传感器和计算能力,在无需外部定位系统的情况下,自主实现定位和导航的技术。该技术通常使用激光雷达、视觉传感器、惯性传感器等多种传感器,结合 SLAM(同步定位与建图)技术和路径规划算法,实现对环境的感知、地图构建和路径规划等功能,从而实现机器人在仓储等复杂环境下的自主定位和导航。

传统的机器人在仓储等复杂环境中依赖外部定位系统和人工控制,缺乏自主决策和自我适应能力。研究和优化自主定位导航技术可以使机器人自主感知环境、构建地图和规划路径,实现自主化运动,从而提高机器人的自主化水平和工作效率。

路径规划技术在提高仓储机器人工作效率上起着非常重要的作用。一方面，路径规划算法可以提高机器人的作业效率。在仓库作业中，机器人需要完成多个任务，而且任务的执行可能受到环境的影响，如货架位置、货物大小等。路径规划算法能够根据实际情况，对机器人的路径进行规划和优化，从而减少机器人的移动距离和空闲时间，提高机器人的作业效率。另一方面，路径规划算法可以降低机器人的能耗。在仓库作业中，机器人电量消耗过快会导致机器人的工作时间缩短。路径规划算法能够优化机器人的路径，避免不必要的移动，从而降低能耗，延长机器人的工作时间。

3. 仓储机器人路径规划智能算法

路径规划作为移动机器人自主导航的核心技术之一，可以分为局部避障算法、人工智能算法、几何模型算法和群智能优化算法几类。

局部避障算法能够控制机器人改变运动方向进行实时避障。人工势场法是典型的局部避障算法，由 Khatit 在 1986 年提出，通过设置机器人对终点位置产生引力且对障碍物产生斥力使机器人能够躲避障碍物，规划出有效的路径。

人工智能算法的原理是通过让机器人自主学习从而预测出可行驶的路径，以达到机器人自主路径规划的目的。Watikins 等在 1992 年提出了 Q-learning 算法，并将其应用在移动机器人的路径规划问题上。强化学习 Q-learning 算法存在在连续状态空间内收敛速度慢，且在高维环境下容易导致维数灾难的问题，而深度 Q 网络（Deep Q-Network）算法结合了深度学习和强化学习机制，有效地解决了维数灾难问题，学习过程更加稳定，该方法使移动机器人能够在密集环境中有效地获得最优路径。

几何模型算法则是一类使用几何模型和数学模型来描述问题并解决问题的算法。其通过建立数学模型和几何模型来描述问题，然后通过求解这些模型得到最优解。几何模型算法是典型的解决最短路径问题的算法，A * 算法是几何模型算法的代表算法之一，其使用一个启发式函数来评估每个节点的估计值，该函数能够快速地估计出从当前节点到目标节点的最短距离，以帮助算法选择最优路径。

群智能优化算法是一类基于自然界中群体行为的启发式算法，如蚁群算法、粒子群算法等。这些算法通过模拟自然界中群体智能行为的过程，来搜索问题空间中的最优解。群智能优化算法通常使用一个种群代表问题空间中的解，其中的每个个体代表一个潜在的解，群体中的个体相互交流信息，并根据这些信息搜索空间中的最优解。

1.1.3 智慧配送

1. 智慧配送的概念与特征

配送是物流运作的重要环节，它要求在一定的经济合理区域内，在用户的要求下，展开拣选、加工、包装、分割、组配等一系列物流作业，然后按时送达用户指定的地点。物流配送包括备货、储存、分拣及配货、配车装载、配送运输、送达服务、配送加工等重要功能。

智慧配送以现代信息技术为支撑，有效融合了物流与供应链管理技术，从而使配送活动的效率最高，使物流效益达到最大化。智慧配送进一步强调了信息流在配送过程中的作用，将信息化、自动化、协同化、敏捷化、集成化紧密融入配送活动，使配送活动更加便捷、高效、宜人。自动仓储、路径优化、科学选址、冷链加工等等，在智慧配送中均有体现。

智慧配送活动也是创新的协同配送活动。在大型城市中，由于人口密集，配送企业众多，面对同一个配送区域或者街区，不同的用户往往选择不同的配送公司，不同的供应商也对配送企业选择有不同偏好。由于缺乏协同配送的机制和利益分配方案，不同配送企业独立展开业务活动，相互之间缺乏协同和合作，这样就会导致相同时间、相同地点，有多家配送企业同时独立进行配送，导致配送效率低、配送成本高。智慧配送是在信息共享的前提下展开的活动，对称的信息源有助于促成配送企业间的协同合作，只有这样，才能使成本最小、效益最佳。

智慧配送体系是一种以互联网、物联网、云计算、大数据等先进信息技术为支撑，在仓储、配送、流通加工、信息服务等各个物流环节实现系统感知、全面分析、及时处理和自我调整等功能的现代综合性物流系统，具有自动化、智能化、可视化、网络化、柔性化等特点，是适应柔性制造、促进消费升级、实现精准营销、推动电子商务发展的重要支撑。

2. 电子商务推动智慧配送发展

电子商务的发展对配送提出了更高的要求：配送范围更广，配送目的地更为分散，对配送时效、配送服务水平和增值服务要求更高，配送成本控制更为重要。因此，电子商务引发了智慧配送领域的一系列变革，主要表现在以下几个方面。

(1) 技术创新推动配送模式的变革

电子商务的快速发展催生了智慧配送的技术创新和应用。随着无人机、机器人、自动驾驶车辆等技术的演进,智慧配送正变得越来越智能化和自动化。无人机配送由于速度快、灵活性高,正在成为现实。机器人配送也正受到越来越多关注,它可以在地面上智能导航,避开障碍物,完成配送任务。自动驾驶车辆的应用则进一步提高了运载能力和配送效率。这些技术的引入和应用将深刻改变配送的方式和效率,为电子商务提供更快速、高效、安全的配送服务。

(2) 物流配送过程的实时感知促进配送效率的大幅提升

① 电子商务的兴起引发了商品交付速度的竞争。消费者对快速交付的需求不断增加,因此需求提供商不得不寻找更高效、更智能的配送方式。智慧配送系统通过物联网和人工智能技术,实现了对配送过程的全面优化,提高了交付速度和准确性。例如,通过实时监控和分析交通数据,系统能够智能规划最佳路线,避开拥堵,同时根据订单实时调整配送计划,确保订单的及时送达。

② 在电子商务的环境下,由于商流、信息流、资金流都实现了数字化的传输,信息交换速度极大地提高,物流成了整个交易过程的主要瓶颈。这就要求通过技术手段进一步减少物流配送中的作业环节并提高作业效率,从而与商流、信息流、资金流信息交换速度相匹配。因此,必须建立完善的配送网络体系,准确预测物流需求,合理进行配送网络节点的选址,动态规划配送路径,优化仓储布局、订单处理、设备调度和出入库作业等流程,这样才能满足电子商务对物流配送时效和服务质量的要求。

③ 电商平台汇集了大量订单数据和用户需求信息,这些数据可以被智慧配送系统用于分析和优化运输、配送流程。数据分析能够帮助系统预测订单量、优化储存和分拣等环节,进一步提高配送效率并减少运输成本。同时,物联网技术的发展使得各类设备和传感器能够实时互联和通信,提供更精准的位置追踪和监测能力,确保配送过程的可靠性和安全性。

(3) 信息共享实现资源整合优化

电商平台和物流服务提供商之间的合作与整合,也推动了智慧配送的发展。二者的合作与整合能够在整个配送网络中建立协同机制,实现资源共享和信息交互。物流服务提供商通过与电商平台合作,共享订单信息和用户数据,根据需求进行合理的资源配置和规划。例如,互联网巨头如亚马逊、阿里巴巴等已经建立了自己的物流网络,并通过与第三方合作实现了"仓储+配送"的整合服务。这种整合服务模式提高了物流效率,加快了商品的上架和配送速度。

电子商务的庞大物流市场需求成了物流行业向智慧物流转型的主要驱动力，传统物流向更高效、精准、低成本的智慧物流方向发展也就成了必然的选择。同时，以人工智能、大数据为代表的新一代信息技术也为这种转型提供了可行的解决方案。依托电子商务与生俱来的互联网基础，物流信息的收集、处理、传递过程变得更加自动化、标准化、实时化，供应链上各企业间的无缝连接成为可能，也促使移动互联网、物联网、云计算、大数据、人工智能等技术在物流和配送环节进一步普及，使整个物流配送管理过程变得智能、高效。智慧物流反过来又简化了电子商务的交易流程、缩短了交易周期、降低了库存水平，进一步增强了电子商务的优势。

3. 智慧配送中的车辆调度与路径规划问题

无论是对于物流中心，还是对于第三方物流公司来说，配送车辆的调度和路径规划对于减少运输成本、节约运输时间、提高配送效率和服务质量都具有重要的意义，这也是智慧配送领域的研究重点。同时，配送路径规划除了应用在基础物流上的运作之外，随着电子商务的发展还有了更多的应用场景，如快递配送、生鲜冷链配送、外卖及时配送、应急物资配送等，可以看出，只要有商品的交付和收集，就会涉及配送路径规划问题。

配送车辆调度与路径规划作为一个典型的组合优化问题，主要是指当配送车辆容量有限时如何进行配送，以使客户的需求得到满足，并达到一些预期设定的目标(最短行驶路径、最低运输成本等)。车辆调度与路径规划问题的一般定义为：组织适当的行车路线，使车辆有序通过一系列发货点和收货点，在满足一定的约束条件(如货物需求量、车载量、交发货时间、行车里程、时间限制、路线约束等)的情况下，达到最优化目标(如路程最小、运费最少、时间准时、车辆较少等)。

配送车辆调度与路径规划问题可以大致分为三类。第一类问题称为车辆路径规划问题(Vehicle Routing Problems，VRP)，VRP关注为车辆安排合理、高效益的线路，但仅是在空间上对问题进行优化，而不考虑时间因素。第二类问题称为车辆调度问题(Vehicle Scheduling Problems，VSP)，VSP也关注合理、高效安排车辆行车路线，与VRP不同的是，VSP考虑的是在满足时间要求的前提下实现最优调度。第三类问题称为路径和调度的混合问题(Vehicle Routing and Scheduling Problems，VRP&VSP)，就是将前两类问题综合考虑。目前也有学者不区分VRP和VSP，而是将考虑时间因素的VSP称为VRPTW(Vehicle Routing Problem with Time Windows)，即带时间窗的车辆路径规划问题。

配送车辆调度与路径规划问题还可以根据不同的性质进一步分类，分类情况如下。

(1) 按运输任务可以分为纯装问题、纯卸问题和装卸混合问题。纯装问题是指每一项任务只有装货点，是一个集货的过程。纯卸问题是指每一项任务只有卸货点，是一个送货的过程。而装卸混合问题是指每一项任务有不同的装货点和卸货点，是集货、送货一体化的过程。

(2) 按车辆载货情况可以分为满载问题和非满载问题。满载问题是指一次任务的货运量高于车辆的最大容量，而非满载问题是指一次任务的货运量不高于车辆的最大容量。

(3) 按车辆类型可以分为单车型问题和多车型问题。单车型问题是指所有车辆的容量都给定同一值，而多车型问题是指所有车辆的容量都给定不同值。

(4) 按车场的数量可以分多车场问题和单车场问题。多车场问题可以转化为单车场问题，而且通常一个车场（仓库）会有固定的服务对象。根据传统的处理方法，先设一个虚拟车场，将所有配送点和实际车场都看作虚拟车场的配送点，这样就将多车场问题转化为单车场问题了。

(5) 按车辆是否返回车场可以分为车辆开放问题和车辆封闭问题。车辆开放问题是指在车辆开出车场以后不返回车场，而车辆封闭问题是指在车辆开出车场以后返回车场。

(6) 按优化目标可以分为单目标优化问题和多目标优化问题。单目标优化问题是指目标函数只要求一项指标最优，如要求运输路径最短。多目标优化问题是指目标函数要求多项指标最优或较优，如同时要求运输费用最少和运输路径最短。

(7) 按货物种类可以分为同种货物问题和多种货物问题。同种货物问题是指要运输的货物只有一种。多种货物问题是指要运输的货物多于一种，所以车辆装载时要考虑哪些种类的货物不能同时装配运输。

(8) 按有无休息时间要求可以分为有休息时间问题和无休息时间问题。

(9) 按需求点有无时间窗要求可以分为无时间窗问题、硬时间窗问题、软时间窗问题。硬时间窗问题是指车辆必须在时间窗内到达，早到则等待，晚到则拒收。软时间窗问题是指车辆不一定要在时间窗内到达，但是在时间窗外到达必须受到惩罚。

在求解车辆调度与路径规划问题时，可以将问题归类为几个简单的组合优化基本原型，如旅行商问题（TSP）、最短路径问题、最小费用流问题、中国邮递员问题等，再用相关的理论和方法进行求解，得到模型最优解或较优解。

VRP问题的求解方法大致可以分为两类，一类是精确算法，另一类是启发式算法。精确算法主要有分支定界法、割平面法、线性规划法、动态规划法等,它的主要思想是根据问题建立具体的数学模型,然后利用数学方法进行求解。启发式算法是根据直观或经验构造,能够朝着最优解方向进行搜索或逼近的算法,如模拟退火算法、神经网络、遗传算法、蚁群算法等。

1.2 智慧物流中的典型智能算法

智慧物流系统中,不论是配送网络的设计、配送中心的选址、配送方式的选择和配送路径的优化,还是仓储管理中的设施布局、订单分配与拣选、出入库操作、设备和人员调度等等,本质上都是最优化问题,通常是以效率、成本、效益等达到最优为目标,在解空间中搜索最优解。

从求解问题的角度看,根据环境给求解系统提供的信息,有以下两类优化问题。

一类是具备完全知识的优化问题,可以用现成的方法求解。如17世纪欧洲研究者基于运筹学理论提出了单纯形法、梯度下降法、线性规划法等优化方法,并给出了一些求解法则,但此类算法复杂度大且只适用于求解小规模问题,不适合实际工程场景下的大规模应用。

另一类是大规模的复杂优化问题,由于仅具备部分知识或完全无知识,往往需要边试探边求解,因此更需要采用搜索和机器学习等智能算法来解决此类问题,以补偿知识的不足。自20世纪60年代开始,研究者们受生物行为的启发,许多模拟自然现象和生物行为的智能计算理论和方法应运而生,为解决大规模复杂优化问题提供了新的思路及方法。生物启发式算法具有高效的优化性能、无须等待优化问题的特殊信息、稳定性强、能够实现渐进寻优等优点,尤其是近年来随着大数据的发展和算力的提升,此类智能算法的优势更为突出,在解决智慧物流系统最优化问题方面得到了高度关注和大量应用。

1.2.1 进化计算

进化计算的灵感来自大自然的生物进化。与其他优化算法相比,进化计算是一种具有高鲁棒性和广泛适用性的全局优化方法,具有自组织、自适应、自学习的特性,能够不受问题性质的限制,有效地处理传统优化算法难以解决的复杂问题。

1. 进化计算概述

生物模拟的研究和应用已经清楚地表明了模拟自然进化的搜索过程可以产生非常鲁棒的计算机算法,虽然这些模型还只是自然界生物体的粗糙简化。进化计算就是基于这种思想发展起来的一类随机搜索技术,它们模拟由个体组成的群体的集体学习过程,其中每个个体分别表示给定问题搜索空间中的一个点,可以看作候选解。进化计算从任一初始的群体出发,通过随机选择(在某些算法中是确定的)、变异和重组(在某些算法中被完全省去)过程,使群体能够在进化过程中逐渐接近搜索空间中更好的区域。选择过程使群体中适应性好的个体比适应性差的个体有更多的复制机会,重组算子将父辈信息结合在一起并将他们传给子代个体,变异则在群体中引入新的变种。

搜索策略和个体之间的信息交换是进化计算的两大特点。它们的优越性主要表现在:首先,进化计算在搜索过程中不容易陷入局部最优,即使在所定义的适应度函数不连续的、非规则的或有噪声的情况下,它们也能以很大的概率找到全局最优解;其次,由于它们固有的并行性,进化计算非常适合于并行计算;再者,进化计算采用自然进化机制来表现复杂的现象,能够快速可靠地解决非常困难的问题。此外,由于易于嵌入已有模型且具有可扩展性,并且易于与其他技术相结合,进化计算目前已经在路径优化、生产调度、自动控制、机器学习和数据挖掘等领域得到了越来越广泛的应用。

进化计算领域的主要分支包括遗传算法(genetic algorithms)、遗传规划(genetic programming)、进化策略(evolution strategies)和进化规划(evolution programming)4种典型方法,其中最具代表性并已广泛应用的是遗传算法。

2. 遗传算法

遗传算法是受自然选择机制和生物体进化中遗传信息传递的规律性启发的智能优化算法,1975年由美国密歇根大学的John Holland教授提出,其基本理论主要以达尔文的进化论为基本依据,并借鉴了摩根和孟德尔的群体遗传学说。遗传算法的基本思想是将领域问题的候选解看作生物个体中的染色体,算法评估染色体的优劣并对染色体中的基因进行操作,现存的优良染色体信息被用来指导产生下一代染色体,目的是让下一代进化到更优秀的状态。这种算法不是简单的随机比较搜索,而是一种随机优化算法,在进行问题求解时,将染色体适者生存的过程看成问题的求解过程,通过选择、交叉、变异等基本操作,淘汰劣质个体,保留优良个体,进而通过迭代搜索,最终得到问题的最优解。

遗传算法中,染色体优劣的评估是根据适应度函数来实现的,需要根据具体的求解问题设定。为了在群体中搜寻到最优的个体并使其具有更高的概率成为父代来繁殖下一代,算法采用选择操作来获得适应度更强的个体作为父体。同时,算法采用交叉、变异操作从父代繁殖得到新一代个体,这样既能够继承父辈染色体中携带的有效模式,又能够通过改变其中的某些基因来增加种群的多样性,避免算法"早熟收敛",更有利于搜索全局最优解。

遗传算法涉及三个要素:实际问题参数的编码和初始群体(种群)的产生,适应度函数设计,遗传操作设计。

(1) 实际问题参数的编码和初始群体(种群)的产生

首先确定初始物种,即进化的第一代,物种的大小取决于问题的大小。初始物种的选择会影响算法的收敛速度和结果,增强物种的多样性,有利于算法的全局搜索。在许多情况下,初始物种是随机转换的,编码必须在初始物种转换后进行,但任何通过编码转换的物种都可以直接转换为种群。基因编码有许多不同的方法,但这取决于需要解决的问题本身。常见的编码方式有二进制编码、格雷码编码、实数(浮点数)编码、符号编码、互换编码等。

(2) 适应度函数设计

遗传算法通过适应度函数来评估个体(解)的优劣,实现对个体(解)的选择。适应度函数设计得越好,解的品质越高,适应度函数是遗传算法进化过程的驱动力,同时是唯一的自然选择标准,其设计要与求解问题自身的需求相一致。当适应度函数最优值的变化极小时,遗传算法种群的进化终止,同时获得了最优解。

(3) 遗传操作设计

① 选择操作:遗传算法采用选择操作来保留更优的个体进行繁殖,即适应度高的个体比适应度低的个体有更高的概率将染色体中的基因遗传给下一代。常见的选择操作有轮盘赌选择、随机竞争选择、最佳保留选择、无回放随机选择等。

② 交叉操作:根据交叉概率来交换两个相互配对的染色体,从而构成两个新的个体。交叉操作在遗传算法中扮演着重要的角色,它是产生新个体的重要手段。常见的交叉操作包括单点交叉、两点交叉、多点交叉、均匀交叉、算术交叉等。

③ 变异操作:类似于基因学中的基因突变,是指个体编码链中的一个基因被另一个基因所取代,从而产生一个新的个体。它决定了遗传算法的局部搜索能力,并维持了群体的多样性。通常将交叉操作与变异操作相结合,联合实现对解空间的全局搜索与局部搜索。常见的变异操作有基本位变异、均匀变异、边界变异、高

斯近似变异等。

遗传算法的优点体现在以下几个方面:首先,它是一种在并行处理中解决搜索问题的简单方法,并且这种搜索是启发性的,而不是盲目的穷举式搜索;其次,遗传算法适应度函数不受连续、可微等条件的约束,适用范围很广;最后,遗传算法易于实施,当要解决一个新问题时,仅需要对新问题进行基因编码并修改适应度函数,而如果编码方式相同,则修改适应度函数即可。

遗传算法也有一定的缺点,如:算法可能收敛过早,即探索新空间的能力受到较大限制,并容易收敛于局部最优解;如果问题很复杂,则需要大量的个体测量计算,计算的运行时间过长;遗传算法的计算规模比较小,解决高维度问题比较困难。

1.2.2 群智能算法

"群智能"是由简单个体组成的群落、环境以及个体之间的互动行为。群智能算法的研究是受社会性昆虫行为的启发,由从事计算研究的学者通过对社会性昆虫行为的模拟产生的一系列对于传统问题的新的解决方法。群体中无智能的一组主体,通过直接或间接的通信,能够合作进行分布式的问题求解,从而在没有集中控制且不提供全局模型的前提下,通过合作表现出智能行为的特性。群智能算法中最具代表性的是蚁群算法和粒子群优化算法。

1. 蚁群算法

蚁群算法是20世纪50年代受仿生学启发而提出的一种模拟群智能算法,其在求解组合优化问题中体现出优异的性质。作为一种基于种群的启发式搜索算法,它能够很好地利用蚁群的集体寻优特性来寻找蚁穴和食物之间的路径,因此被广泛应用于求解旅行商问题、调度问题、指派问题等,取得了良好的效果。

蚂蚁是一种群居动物,他们不依靠视觉,而是通过信息素的传递,找到食物与蚁穴之间的最短路径。每只蚂蚁在其经过的路径上都会留下信息素,并通过其他蚂蚁留下的信息素来指导自己行动的方向。整个蚁群呈现正反馈现象,即某条路径上的信息素浓度的大小是由蚂蚁经过的次数决定的。如果有很多蚂蚁都走某一条路径,该条路径上就会积累的大量的信息素,那么另外的蚂蚁选择该条路径的概率就会很大。

以蚁群搜索食物的最短路径为例:所有蚂蚁从蚁穴出发,各自寻找路径,且在自己经过的路径上留下信息素,直到发现食物才返回蚁穴。每只蚂蚁在路网节点处选择下一步的路径时,会以更高的概率选择其他蚂蚁留下信息素更多的路径。初始时,由于各条路径上的信息素均为零,蚁群是以相等概率分散在各条路径上进行随机探索的,但一部分偶然走在较短路径上的蚂蚁会率先发现食物并返回,然后再次出发觅食,由于它们的路径更短,相同时间内往返频率更高,因此在这条路径上留下的信息素更多,同时也会吸引其他蚂蚁选择该路径,继续增大该路径的信息素浓度。随着时间的不断增长,整个蚁群将最终搜索出最短的路径。

蚁群算法求解旅行商问题(TSP)是受蚁群觅食过程启发而设计的。假设该蚁群中共有 m 只蚂蚁,两个城市 i、j 之间的距离为 $d_{ij}(i,j=1,2,\cdots,n)$,第 i 个城市在 t 时刻的蚂蚁数目是 $b_i(t)$,则 $m=\sum_{i=1}^{n}b_i(t)$。

假设每一只蚂蚁都具有如下特点:

(1) 蚂蚁选择的下一个城市由一个概率函数决定,该函数是城市间距离和残留信息量的函数,两个城市 i、j 之间的信息素值在 t 时刻的残存量为 $\tau_{ij}(t)$。

(2) 蚂蚁走完所有城市叫作一次周游,在一次周游过程中,每个城市只能被访问一次。该过程由禁忌表控制。用 $tabu_k$ 来表示蚂蚁 k 的禁忌表。禁忌表中的元素是不断增加的,在城市 i 被蚂蚁 k 访问过之后,禁忌表中的元素要相应地增加城市 i。这意味着该城市将不能再被蚂蚁 k 访问。同时,用 $tabu_k(i)$ 来描述第 k 只蚂蚁的禁忌表中的第 i 个城市。

(3) 在走过所有的城市以后,蚂蚁会在走过的路径上洒下自己路过的痕迹,即信息素。

随机将 m 只蚂蚁放在 n 个城市中,将蚂蚁当前所处的城市放在禁忌表中的第一个位置上,即 $tabu_k(1)$。当前,各个城市之间的路径上所拥有的信息素值相当,设为 $\tau_{ij}(0)=C(C$ 为常数$)$。每只蚂蚁从城市 i 出发,根据转移概率 $p_{ij}^k(t)$ 前往城市 j,直到所有蚂蚁遍历所有 n 个城市,此时完成了一次循环。而后更新所有蚂蚁的禁忌表,开始下一次循环,直至达到最大循环次数而结束。在迭代过程中,不断地更新信息素以获得最优路线。在 t 时刻,蚂蚁 k 在城市 i 时选择城市 j 的概率由 $P_{ij}^k(t)$ 来描述:

$$P_{ij}^k(t)\begin{cases}\dfrac{\tau_{ij}^\alpha(t)\eta_{ij}^\beta(t)}{\sum_{s\in allowed_k}\tau_{is}^\alpha(t)\eta_{is}^\beta(t)}, & j\in allowed_k \\ 0, & 其他\end{cases}$$

其中,$allowed_k=\{0,1,2,\cdots,n-1\}-tabu_k$,表示蚂蚁 k 下一次可以选择的城市。

tabu$_k$ 中记载了蚂蚁 k 已经访问过的城市,当 tabu$_k$ 包含了所有城市时,意味着蚂蚁 k 完成了一次周游,其所经过的路线即为该问题的一个可行解。β 是期望启发因子,描述了两个城市之间的期望信息的权重,代表启发式信息在蚂蚁进行路径选择时的相对重要性。α 是信息启发因子,表示信息素的重要性,反映了蚂蚁在路径上留下的信息素对其他蚂蚁选择路径时的重要程度。η_{ij} 表示蚂蚁由城市 i 转移到城市 j 的启发信息,又称为两城市间的能见度,在 TSP 中一般与距离成反比,即 $\eta_{ij}=\frac{1}{d_{ij}}$。蚂蚁 $k(k=1,2,\cdots,m)$ 在搜寻最优解时,会根据路径上残存的信息素的量和该路径的能见度大小决定其下一个要访问的城市。

两个城市 i、j 之间的信息素值在 t 时刻的残存量为 $\tau_{ij}(t)$。蚂蚁在路径上留下的信息素会随着时间不断挥发,因此必须不断更新信息素。信息素的更新规则如下:

$$\tau_{ij}(t+1)=\rho \times \tau_{ij}(t)+\Delta \tau_{ij}, \quad \rho \in (0,1)$$

$$\Delta \tau_{ij}=\sum_{k=1}^{m}\Delta \tau_{ij}^{k}$$

其中,ρ 代表两城市间信息素的残存系数,$1-\rho$ 即为挥发系数;$\Delta \tau_{ij}^k$ 表示在该次迭代过程中,蚂蚁 k 对路径 ij 上的信息素的贡献量;$\Delta \tau_{ij}$ 表示该次迭代过程中,路径 ij 上的信息素的变化量。$\Delta \tau_{ij}^k$ 由下面的式子决定:

$$\Delta \tau_{ij}^{k}=\begin{cases} \dfrac{Q}{L_k}, & \text{若第 } k \text{ 只蚂蚁在本次循环中经过 } ij \\ 0, & \text{若第 } k \text{ 只蚂蚁在本次循环中不经过 } ij \end{cases}$$

其中,Q 表示信息素强度,即某只蚂蚁在周游了所有的城市后,留在路径上的信息素的总量。L_k 描述的是在本次迭代过程中,蚂蚁 k 走过的路径的总距离。

蚁群算法求解 TSP 的步骤如下:

(1) 初始化参数。设初始时刻的 $t=0$,初始循环次数 T_c 等于 0,并根据实际需要对最大循环次数 T_{max} 进行设置。各个路径上的信息素 $\tau_{ij}(0)=0$,且信息素的增量 $\Delta \tau_{ij}(0)=0$。将所有的蚂蚁按照随机原则放在所要进行遍历的 n 个城市中。

(2) 设 $T_c=T_c+1$,清空禁忌表 tabu,并将初始城市放入各蚂蚁的禁忌表中。

(3) 分别计算 m 只蚂蚁的转移概率 $P_{ij}^{k}(t)$,并按照该概率将各个蚂蚁转移到 j 城市,且将 j 城市加入其禁忌表 tabu。

(4) 判断禁忌表 tabu 是否已满。如果 tabu 未满,则转移到步骤(3);否则,表示该蚂蚁完成了一次周游,计算每只蚂蚁所经过的路径长度 L_k,并根据信息素更新策略更新各个路径上的信息素。

(5) 保存最短路径。如果 $T_c \leqslant T_{max}$，则转移到步骤(2)，继续下一次循环；否则，跳出循环，输出结果。

2. 粒子群优化算法

粒子群优化(Particle Swarm Optimization，PSO)算法最早是由心理学家Kennedy和电气工程师Eberhart[53]受人工生命研究结果以及鸟群觅食和群聚行为的启发而提出的一种基于群体智能的全局随机优化算法。在粒子群优化算法中，将求解问题的搜索空间类比于鸟群觅食的飞行空间，将每只鸟抽象成没有质量和体积，但有位置、速度和加速度的粒子，来表示需要求解的问题的潜在候选解，所以寻找问题最优解以及优化的过程就可以看作鸟群觅食的过程。

每个粒子都有相对应的位置、速度和一个由目标函数决定的适应值。粒子在搜索空间中飞行，它的速度根据自身的飞行经验以及同伴的飞行经验进行动态调整。在每一次的迭代过程中，粒子综合本身找到的最优解 p_{best} 和整个群体当前找到的最优解 g_{best} 来不断地更新自己的状态，目的是向着最优解的位置飞行。当算法达到终止条件时停止运算，最后找到的全局最优位置即为最优解。粒子群优化算法的过程如下。

假设在一个 D 维的搜索空间中，有一个由 N 个粒子组成的群体，其中第 t 代中第 i 个粒子的位置可以表示为一个 D 维向量：

$$X_i^t = (x_{i1}^t, x_{i2}^t, \cdots, x_{id}^t, \cdots, x_{iD}^t)^T, \quad i = 1, 2, 3, \cdots, N$$

第 t 代中第 i 个粒子的速度也可表示为一个 D 维向量：

$$V_i^t = (v_{i1}^t, v_{i2}^t, \cdots, v_{id}^t, \cdots, v_{iD}^t)^T, \quad i = 1, 2, 3, \cdots, N$$

第 i 个粒子的个体最优位置可以表示为

$$p_{best} = (p_{i1}, p_{i2}, p_{i3}, \cdots, p_{iD})^T, \quad i = 1, 2, 3, \cdots, N$$

整个群体的最优值可以表示为

$$g_{best} = (p_{g1}, p_{g2}, p_{g3}, \cdots, p_{gD})^T$$

对于第 $t+1$ 代中第 i 个粒子的速度和位置的更新公式如下：

$$\begin{cases} v_{id}^{t+1} = w v_{id}^t + c_1 r_1 (p_{id} - x_{id}^t) + c_2 r_2 (p_{gd} - x_{id}^t) \\ x_{id}^{t+1} = x_{id}^t + v_{id}^{t+1} \end{cases}$$

其中，w 为惯性权重，c_1 和 c_2 为学习因子，r_1 和 r_2 为(0,1)中的随机数，p_{id}^t 和 p_{gd}^t 表示第 t 代中粒子的个体最优位置和群体最优位置。

粒子群优化算法自提出以来，便被学者们广泛研究，目前已被应用于函数优化、求解整数约束、神经网络训练、车辆调度、路径规划等领域。

粒子群优化算法具有调整参数少、结构简单并且容易实现的优点，能够快速地搜索并找到问题的解，但同时存在着容易陷入局部最优、缺乏跳出局部最优能力的缺点。为此学者们针对这些缺点对算法进行了很多改进，改进主要集中在算法参数上以及算法与其他优化算法的混合上。

惯性权重是 PSO 算法中重要的参数，它衡量着前一代粒子的速度对下一代粒子移动的影响。较大的惯性权重有利于提高算法的全局搜索能力，可以在一定情况下避免由于陷入局部极小值而造成的算法优化停滞，较小的惯性权重有利于实现对区域的精准搜索，能够提高算法的局部开发能力。惯性权重的改进方法有很多，通常采用线性递减权重策略、随机权重法、非线性递减惯性权重法和模糊权重等方式。

学习因子决定了粒子向着自身历史最优值和全局历史最优值飞行的能力。c_1 越大，表明粒子对个体的认知能力越强，即粒子全局搜索能力越强；c_2 越大，说明粒子间的信息共享越频繁，即粒子局部搜索能力越强。对于学习因子的改进，通常采用的是动态学习因子等策略。

也可以利用其他算法的优势来弥补粒子群优化算法的劣势，使粒子能够跳出局部最优限制。例如，在 PSO 中引入混沌搜索策略，以避免重复搜索和过早陷入局部最优；与遗传算法混合，改进遗传因子的选择策略；与模拟退火算法混合，克服原始粒子群算法容易陷入局部最优的缺点；与人工鱼群算法结合，提高算法的收敛速度和寻优精度等。

1.2.3 图搜索算法

图搜索是一种在图中寻找解路径的方法，是人工智能中的一类重要算法，在智慧物流领域也有着非常广泛的应用。根据搜索策略的不同，图搜索算法一般分为两大类：盲目搜索和启发式搜索。盲目搜索是一种无向导的搜索，穷举所有可能的状态，这种算法实现简单，但效率低。启发式搜索是根据具体的问题，在搜索的过程中产生启发性的信息，指导搜索过程，启发式搜索能够极大地提高搜索效率。

A*算法是一种代表性的图搜索算法，也是一种应用广泛的启发式路径规划算法。A*算法利用启发函数在搜索过程中加入场景的启发信息优化搜索策略，使得规划的过程可以不偏离目标位置，获取最优路径，并提升求解问题的效率。例如，规划从北京到上海的路径，运用 A*算法可以避免盲目地向周围各个方向搜索，因为利用上海在北京的南边这一启发信息，可以在偏离方向时纠正回来，这样大大减少了搜索量。

A*算法的优先级评估计算公式如下：
$$f(n)=g(n)+h(n)$$
其中，$g(n)$为路径寻找途中的遍历深度或长度函数，即从起始节点到节点 n 的代价值；$h(n)$为自定义的启发函数，即从节点 n 到目标点 S 的启发估计代价值。

A*算法适用于解决无人仓内的路径规划问题。例如，在无人仓平面上两坐标(x_1,y_1)与(x_2,y_2)之间进行路径规划，根据设备运动方式，常见的启发函数有以下 3 种。

（1）基于曼哈顿距离的启发函数：
$$h(n)=|x_1-x_2|+|y_1-y_2|$$
该启发函数适用于只向东、南、西、北四个方向运动的环境。

（2）基于切比雪夫距离的启发函数：
$$h(n)=\text{MAX}(|x_1-x_2|,|y_1-y_2|)$$
该启发函数在可做八向运动的环境中适用。

（3）基于欧几里得距离的启发函数：
$$h(n)=\sqrt{(x_1-x_2)^2+(y_1-y_2)^2}$$
该启发函数在向任意方向运动的环境中适用。

1.2.4 人工神经网络与深度学习算法

1. 人工神经网络

人工神经网络是一种新型的非算法信息处理方法，它是受到生物神经系统的启发而提出的，模拟了大脑的某些机制与机理，将神经元的基本功能作为起点，按照由简单到复杂的规则逐步组成网络。模拟出的神经网络通过与真实世界进行信息交换并做出相应的交互反应。

1943 年，神经元二元阈值单元被心理学家 McCulloch、数学家 Pitts 提出，称为 M-P 模型，神经细胞的工作状态是兴奋的或者抑制的是该模型的基本思想。基于此，McCulloch 和 Pitts 将硬极限函数引入神经元模型，但是 M-P 模型是一种静态模型，结构固定，权值无法调节，缺乏学习能力。因此，1949 年，神经生物学家 D. Hebb 提出了 Hebb 学习规则，即当两个神经元同时兴奋或同时抑制时，决定其连接强度是否增加。1958 年，感知器的概念被 F. Rosenblatt 提出，其基本思想是感知器由阈值神经元组成,用来模拟生物的感知和学习能力。其后,Paul Werbos 于 1974 年提出将误差反向传播(Error Back Propagation,BP)算法应用于神经网络的思想,但并未引起重视,直到 1986 年 D. E. Rumelhart 等人发展了该理论,提出 BP 学习算法。BP 学习算法的基本原理是基于前向反馈神经网络,将学习训练由信号的正向传播与误差的反向传播两个过程组成,训练实例重复通过神经网络,同时修正各个权值以达到最小化训练集误差率的目的。BP 学习算法是使用最广泛的学习方法之一,深度学习的各种网络模型均采用了 BP 学习算法。

人工神经网络作为一门日趋成熟的学科,在工程领域应用非常广泛。目前,人工神经网络的研究方向主要集中在神经网络计算的基础理论、神经网络集成、混合学习方法、模糊神经网络、神经网络与遗传算法及人工生命的结合、神经网络的并行计算及硬件实现等方面。

2. 深度学习

深度学习是近年来机器学习领域最受关注的研究方向。深度学习的概念源于人工神经网络的研究,含多个隐藏层的多层感知器就是一种深度学习结构。深度学习通过组合低层特征形成更加抽象的高层,表示属性类别或特征,以发现数据的分布式特征。深度学习建立模拟人脑进行分析学习的神经网络,模仿人脑的机制来解释数据,如图像,声音和文本等。

深度学习在搜索技术、数据挖掘、机器学习、机器翻译、自然语言处理、多媒体学习、语音、推荐和个性化技术,以及其他相关领域都取得了很多成果。深度学习通过使机器模仿视听和思考等人类的活动,解决了很多复杂的模式识别难题,使得人工智能相关技术取得了很大进步。典型的深度学习模型有卷积神经网络、深度置信网络和堆栈自编码网络模型等。

卷积神经网络是深度学习的代表性算法,它的发展大致可划分成两个阶段,第一阶段开始于日本学者福岛邦彦所构建的新认知机 Neocognitron 模型[43],到 2006 年深度学习理论被提出为止,该时期"感受野"(receptive field)概念、多层感知机模型的提出,使得计算机在模式识别领域的处理能力得到了良好的验证。卷积神经网络在医学影像检测、人像识别、手势识别等方面展开了应用,但该时期卷积神经网络的数值处理能力有限、学习样本不足。深度学习理论于 2006 年被提出[44],意味着卷积神经网络到达蓬勃发展的第二阶段,这一阶段深度学习如何有效提高其表征学习能力被各领域学者所关注,神经网络的训练难度降低,并且随着相关计算设备和算力的快速发展,深度学习有了更为广阔的发展空间。

卷积神经网络在深度学习中最成功的应用是机器视觉中的图像识别,与传统的算法相比,一层或多层矩阵乘法运算被替换成卷积运算,利用被识别图像的局部特征,多层神经网络能大大减少模型参数,提高模型训练的速度。同时,卷积神经网络不需要对图像数据进行预处理和特征提取就可以保留数据自身的特征,具有降低模型复杂度的优势。目前,卷积神经网络在目标追踪、文本识别、动作识别、姿态估计、人脸识别、场景标记等各个任务中都具有出色的表现。

卷积神经网络模型主要包含三层,即卷积层、池化层、全连接层。在卷积层中,一个神经元只与部分邻层神经元连接,通常包含若干个特征图(feature map),每个特征图由矩形排列的神经元组成,同一特征图的神经元共享权值——卷积核(convolution kernel),好处是减少网络各层之间的连接,同时降低了过拟合的风险。卷积核带来的直接子采样叫作池化(pooling),有平均池化(mean pooling)和最大池化(max pooling)两种典型的形式。卷积和子采样大大降低了模型复杂度,减少了模型的参数。

(1) 卷积层

卷积层可用来进行特征提取,在使用卷积神经网络进行图像识别时,输入一般为经过转换的,高为 h、宽为 w、深度为 d 的图片数据,可视为 d 个 $w\times h$ 的矩阵,卷积层提取特征的方式为卷积运算,即将输入的矩阵数据与卷积核进行点乘运算,相当于对两个可积函数做积分,将两个函数设为 $f(x)$、$g(x)$,卷积运算的基本公式为

$$(f*g)(a) = \int_{-\infty}^{\infty} f(t)g(a-t)\mathrm{d}t$$

离散形式是

$$(f*g)(a) = \sum_{t=-\infty}^{\infty} f(t)g(a-t)$$

卷积层中的卷积核也叫过滤器,矩阵的大小又被称为感受野,卷积核大小以及卷积过程中移动的步长可自行设定,常用的卷积核大小为 3×3 和 5×5,常用的步长 $S=2$,具体的计算过程如下:

① 从输入矩阵的左上角开始,取得大小为 $n\times n$ 的感受野,在设定好卷积核的大小之后,进行点乘运算,然后加上偏移 Bias,得到第一个输出矩阵的数据。

② 根据设定的步长移动,将卷积核在输入矩阵中依次移动,重复①中描述的运算,直至完成第一张图片的所有运算,获取输出数据。

③ 按照前两个步骤,将每个输入矩阵按照对应的卷积核与步长进行卷积运算,直至所有数据特征均采集完毕,卷积层任务完成。

(2) 池化层

池化层又称为子采样层,它主要通过模仿人的视觉系统来对数据进行降维处理,一般介于卷积层与全连接层之间,作用是运用更高层次的特征来描述图像。较为常用的池化方式有:最大池化、平均池化和空间金字塔池化(spatial pyramid pooling)等。池化层可以对图像不同位置的局部区域特征进行聚合统计,并且非常有效地缩小了矩阵的尺寸。通过池化的方式,一方面大大地减少了数据对空间的占用,加快了计算的速度以及减少了全连接层中参数的数量;另一方面,池化的操作也在不同程度上提高了模型的尺度不变性和旋转不变性,在降低运算复杂度的同时有效地防止了过拟合情况的发生。池化层实现了图像特征的压缩和提取,大大地减少了模型训练所需要的时间。

(3) 全连接层

在卷积神经网络的结构当中,全连接层位于卷积层以及池化层后面,一般可有1个或者1个以上的全连接层,其主要的作用就是实现图像分类。全连接层中第 n 层的每一个神经元,都与第 $n-1$ 层的所有神经元进行全连接,全连接层的输出 a 是由全连接权重矩阵 w 与输入向量 x 的乘积再加上偏置向量 b 得到的:

$$\begin{bmatrix} a_1 \\ a_2 \\ \vdots \\ a_n \end{bmatrix} = \begin{bmatrix} w_{11} & w_{12} & \cdots & w_{1n} \\ w_{21} & w_{22} & \cdots & w_{2n} \\ \vdots & \vdots & & \vdots \\ w_{n1} & w_{n2} & \cdots & w_{nn} \end{bmatrix} \begin{bmatrix} x_1 \\ x_2 \\ \vdots \\ x_n \end{bmatrix} + \begin{bmatrix} b_1 \\ b_2 \\ \vdots \\ b_n \end{bmatrix}$$

全连接层通过矩阵向量乘积运算,可以整合卷积层、池化层中的局部信息。为了提升卷积神经网络的网络性能,全连接层中每一个神经元的激励函数一般采用线性整流函数(Relu)。全连接层最后一层的输出值被传递给输出层,常采用归一化指数函数 softmax 逻辑回归进行分类,因此,也可称全连接层为 softmax 层。

第 2 章
基于深度学习的出入库管理智能计数算法

  智慧仓储相较于传统的劳动密集型仓储与半自动化的作业模式,具有提高货物周转效率、降低企业库存管理成本等优势,因此成了智慧物流领域的研究热点。针对智慧仓储中心对货物出入库数量的管理需求,结合近年来基于深度学习的目标识别与跟踪方法的突破与发展,业内也在探索使用此类机器视觉方法实现高精度的自动化智能计数作业。然而深度学习模型在实际部署中,通常需要考虑现场条件、算力、成本等因素,必须在运行速度和识别精度之间进行适当的权衡。基于此,本章针对智慧仓储出入库计数问题进行了研究,提出了一种目标识别压缩方法(T-YOLO),并在 T-YOLO 和 Deep Sort 的基础上构建了一个具有轻量化特点的智能计数模型。该模型通过裁剪 YOLOv5 算法中的 Conv 和 BottleneckCSP 两个结构,大大减少了参数数量,便于货物包裹的快速识别;结合 Deep Sort 多目标跟踪方法,对每个包裹进行精准跟踪,从而实现准确计数。实验结果表明,该方法在保证了包裹识别和计数准确性的同时,将模型参数减少了 11 MB,具有较快的计数速度,可以实际部署在智慧仓储场景中。

2.1 基于深度学习的目标识别与跟踪

2.1.1 基于深度学习的目标识别算法概述

  在目标识别方法方面,传统的目标识别方法的具体识别过程主要可以分为三个阶段:首先在一个图像中选择部分区域作为候选区域,其次在所选的候选区域中提取特征,最后利用训练好的目标分类器进行图像的识别与分类。可以看出,传统的目标识别方法在操作上具有一定的复杂性,训练速度慢且精确度不高,在实际场景应用中不容易实现。因此,在卷积神经网络迅猛发展的背景下,基于深度学习的目标识别方法被提出,该方法实现了端到端识别,具有很好的实际意义。

基于深度学习的目标识别算法大致可分为两类,其中一类是两阶段算法,其主要特点是先从图像中产生一个候选区域,然后依据此候选区域特点进行卷积神经网络(Convolutional Neural Network,CNN)分类处理,其代表算法为 R-CNN 系列、SPP-Net 等;Girshick R 等人提出的 R-CNN 模型使目标识别、检测技术得到了极大的充实与提高,是 R-CNN 系列两阶段目标检测的开端,为后续的相关研究做出了铺垫。R-CNN 算法在性能上相较于传统的算法有了较大的提升,但是其 SS 算法所产生的候选框数目较多,使得运行时所耗时间较长,而该方法下盲目裁剪又会引入过多的背景或者导致信息丢失的情况出现,因此 R-CNN 算法在计算卷积特征时容易出现重复计算,计算量大。SPP-Net 算法对 R-CNN 算法做了改进,它把 SS 算法生成的大大小小众多候选框均归一化为尺寸相当的全连接层,仅需进行一次卷积特征提取,就可对图像进行整体的识别处理,从而减少运算量,但 SPP-Net 仍然需要存储大量特征。2015 年,Ross G 等人提出了 Fast R-CNN 目标检测算法,与 SPP-Net 以及 R-CNN 算法相比,Fast R-CNN 的训练过程可以不用再分步骤进行,减少了冗余数据对磁盘空间的占用,加快了训练速度,同时提升了网络的性能。为了解决检测耗时问题,Ren S 等人又提出 Faster R-CNN 目标检测框架,并得到广泛应用。虽然众多学者在目标识别两阶段算法中做了不少优化,但其对小目标的检测效果仍然不是很理想。

深度学习的单阶段目标识别算法是一种可以直接应用于图像数据的优质算法,它可以同时输出类别和相应的位置信息,代表算法为 YOLO(You Only Look Once)系列、SSD(Single Shot Multibox Detector)等。对于其中最受瞩目的目标识别方法——YOLO,学者们多从提高模型准确性、鲁棒性、识别速度三个方面作出改进。为了提高 YOLO 模型的准确度,学者们将注意力机制引入骨干网络,在一定程度上解决了遮挡对目标识别和轨迹生成的干扰,具有较好的实时性,该模型目前被广泛应用于交通运输等众多行业当中。

2.1.2 基于深度学习的目标跟踪算法概述

目标跟踪作为计算机视觉研究领域的一个重要分支,它运用图像序列特征,依照跟踪对象的运动信息以及外观构建模型,进而对目标的运动状态进行预测,并在此基础上确定目标的位置。目标跟踪的研究于2012年左右开始引入深度学习的方法,当时以著名的AlexNet为代表,成功应用于图像处理、图像识别、图像跟踪等领域。基于深度学习的目标跟踪方法运用其强大的深度特征表征能力来实现跟踪。目标跟踪方法根据其所跟踪的目标数目,可分为单目标跟踪和多目标跟踪两类。

自从Lucas等于1981年对光流法的应用开始,单目标跟踪进入研究者视野,随后在机器学习、深度学习相关领域出现了许多单目标跟踪的创新及优化方法。机器学习在目标跟踪领域的早期应用普遍缺乏鲁棒性,准确性也不高;但随着MOSSE(Minimum Output Sum Square Error)算法的提出,机器学习凭借其速度快、识别跟踪效果好的特点受到广泛关注;2016年至今,基于深度学习的方法逐渐成了单目标跟踪的热门方法,其在跟踪的准确性以及鲁棒性方面有着较高的提升,但是在现实环境和复杂场景中,还需要在速度和性能方面进行优化。

多目标跟踪除了需要解决场景环境复杂、目标形状或颜色特征改变等问题外,还需要解决比单目标跟踪任务更加繁杂且困难的问题,例如,所跟踪的目标被频繁遮挡、数量不定、相似目标的区分度不高等。目前,大多数的算法都遵循"先检测后跟踪"的模式。较为典型的多目标跟踪算法——Deep Sort是一种基于匈牙利算法的后端跟踪优化算法,它能够满足多目标的实时跟踪,Deep Sort算法在其前身——Sort算法的基础之上,经过提取深层次的特征,有效提升了多目标跟踪效果。

基于深度学习的方法在目标识别、跟踪领域中不断获得突破与发展,智慧仓库可以在工作人员不足、出入库包裹无法使用标签、每日包裹出入库数量繁多的复杂场景中,使用深度学习方法对包裹进行识别、跟踪,以完成包裹出入库计数作业。

2.1.3 YOLOv5目标识别方法

目标识别算法,尤其是YOLO系列算法受到了众多研究者的广泛关注,并被不断创新,从YOLOv5开始,YOLO算法具有轻量化的模型大小,可以运用在移动端中。YOLOv5依据网络深度与宽度的不同,分为YOLOv5s、YOLOv5m、YOLOv5l以及YOLOv5x这四种网络结构,而YOLOv5s网络是整个YOLOv5系列中深度最小且特征图的宽度最小的网络,其余三种网络依次加宽、加深。

本章的应用场景中,出入库计数过程所需识别的物体只有一个种类,且识别的目标较大,故选用YOLOv5网络结构作为使用模型,该模型分为Input输入层、

Backbone 骨干网络、Neck 结构以及 Prediction 预测层。

1. Input 输入层

YOLOv5 在其输入端仍然沿用了 Mosaic 数据增强方法,可以随机调用 4 张图片,图片的大小和位置也具有随机性,在进行充分堆叠之后能够生成丰富的数据,也增加了很多小目标,能够提升对小物体的识别能力。YOLOv5 可以同时计算 4 张图片,减少了对 GPU 内存的消耗。在锚框方面,不仅可以通过聚类的方式设定 anchor 大小,还可以将 anchor 嵌入训练代码,在每次训练时,计算与更新不同训练集中的 anchor 值。此外,YOLOv5 使用自适应的图片大小缩放模式,通过缩放填充减少图像黑边信息,提高对目标的预测速度。本章输入模型训练的图片标准尺寸为 416×416 像素,初始锚框为 $[10,13,16,30,33,23]$、$[30,61,62,45,59,119]$、$[116,90,156,198,373,326]$。

2. Backbone 骨干网络

Backbone 骨干网络上主要采用了 Focus 和 CSP 两种网络结构。Focus 结构的关键步骤是切片操作。切片操作可将原来的 $416\times416\times3$ 像素的图像变为 $208\times208\times12$ 像素的特征图,再进行一次 32 个卷积核的卷积操作之后,变成 $208\times208\times32$ 像素的特征图,主要目的是最大程度地减少信息损失。切片操作如图 2.1 所示。

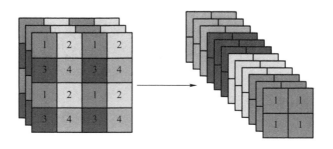

图 2.1 切片操作示意图

YOLOv5 中设计了两种 CSP 结构,其中 CSP1 用于 Backbone 中,CSP2 结构则用于 Neck 中。Backbone 的 CSP1 结构中,CBL 由卷积层、BN 层以及 Leaky_ReLU 激活函数三者组成。CSP1 中的 Res unit 残差组件可以让网络构建得更深,同时,CSP1 将残差组件替换成了 $2\times x$ 个 CBL 结构,让网络表达抽象特征的能力增强。Neck 中使用 Concat 进行卷积的拼接,扩充两个张量的维度之后批量标准化处理图片,用 Leaky relu 函数激活,再执行 CBL 操作后输出数据。

3. Neck 结构

YOLOv5 方法在 Neck 部分采用了 FPN 结构和 PAN 结构。FPN 结构是自顶向下的,利用上采样的方式对信息进行传递与融合,从而获得预测特征图。PAN 结构是自底向上的,利用下采样的方式对信息进行传递与融合。Neck 结构图如图 2.2 所示。

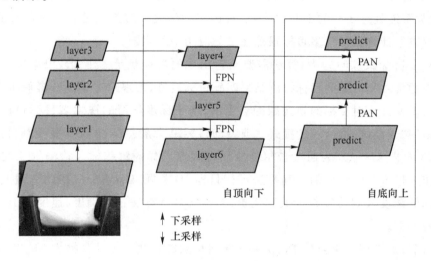

图 2.2 Neck 结构图

4. Prediction 预测层

YOLOv5 方法使用 GIOU_Loss 作为其损失函数,其预测层中还包括 Bounding box 损失函数以及非极大值抑制(Non-Maximum Suppression,NMS)处理方法。YOLOv5 使用 GIOU_Loss 作为损失函数,有效地解决了边界框重合不佳的问题。在目标检测的预测结果处理阶段,针对出现的诸多目标框,采用加权 NMS 的方式筛选,以获得最优目标框。

在准确度指标上,YOLOv5 的性能与 YOLOv4 不相上下,但是 YOLOv5 在速度上远超 YOLOv4,YOLOv5 的模型与 YOLOv4 相比也非常小,在模型部署上有极强的优势。此外,YOLOv5 能有效识别出一些遮挡重叠的目标,在实际应用上,具有较高的鲁棒性。随着目标识别算法迭代速度的提高,目前新的 YOLO 版本,如 PP-YOLO、PP-YOLOv2、PP-YOLOTiny 等受到了广泛关注,在平衡目标识别算法的精度与速度方面给研究者提供了不少借鉴之处。

2.1.4 Deep Sort 多目标跟踪方法

基于深度学习的单目标跟踪和多目标跟踪的本质区别在于跟踪目标数量的多少。在跟踪过程中,视觉多目标跟踪除了需要解决单目标跟踪中存在的目标形变、场景环境变化等挑战,还面临着跟踪场景中目标数量较多、目标之间容易相互遮挡、目标特征过于相似从而区分度不高等问题。近年来,随着深度学习的快速发展,视觉智能处理研究的不断深入,涌现出多种深度学习类视觉多目标跟踪算法,有效解决了计算机视觉多目标跟踪在实际应用中的问题。

在多目标跟踪问题中,算法需要给新出现的目标赋予一个ID,根据进入跟踪视野中的每一帧图像的目标检测结果匹配目标轨迹,若跟踪对象离开摄像机视野,则算法需要终止对目标的轨迹跟踪。当前,基于深度学习的视觉多目标跟踪技术框架采用"先检测后跟踪"的模式。典型的目标跟踪算法 Deep Sort 备受瞩目,它的前身 SORT 算法原理为通过卡尔曼滤波将跟踪目标的跟踪框与检测框之间的并交比作为代价矩阵输入匈牙利算法进行目标ID关联,Deep Sort 在此基础上增加了目标的深度表观特征作为关联代价,初步实现了算法在准确度、速度及ID转换之间的平衡。

目前,基于深度学习的 Deep Sort 多目标跟踪算法在公共数据集 MOTA 上测试的效果良好,能够很好地解决跟踪目标遮挡及ID转换次数较高等问题,并在行人跟踪、车辆跟踪、动物跟踪等任务中得到广泛应用。多目标跟踪为了追求准确度与速度的平衡,一般采取将检测任务交予目标检测算法,目标跟踪与目标检测算法联合应用的方式,因此,为了提高算法的实用性与鲁棒性,可以在如何更好地融合目标检测算法与目标跟踪算法方面进行研究。

2.2 智慧仓储场景下的目标识别算法优化

2.2.1 YOLOv5 目标识别算法的优化

YOLOv5 卷积神经网络具有如下特点:

(1) 在卷积网络的浅层一般会学习像素级低层特征,包括轮廓、颜色、纹理、边缘和形状特征,其中轮廓和边缘能够反映图像内容。深层的特征一般会学习语义特征等,卷积神经网络在卷积不断加深的过程中,表达抽象特征的能力越来越强,越深层的特征包含的高层语义性越强,其分辨能力也越强。模型更深,意味着具有更好的非线性表达能力,可以学习更加复杂的图像,从而可以拟合更加复杂的特征输入,并且随着网络层的加深,网络模型可以携带更多的参数以获得更优秀的表达能力和逐层的特征学习。

(2)随着网络的加深,特征图(feature map)长与宽的尺寸缩小,卷积层的每个特征图能提取出的特征越来越详细,这导致后一卷积层需要增加更多的 feature map 数量,才能更充分地提取出它前一层的特征信息。

由于卷积神经网络的以上特点,卷积神经网络在不断加深的过程中,虽然表达抽象特征的能力愈来愈强,但是浅层空间信息会相应的丢失,这就导致了深层的特征图无法提供较为细粒度的空间信息对目标进行精确定位。此外,小目标的语义信息也在下采样的过程中逐渐丢失。为了弥补此类损失,让卷积神经网络获取更为精准的特征从而增加的大量特征图,在一定程度上增加了模型参数,降低了识别的速度。

如图 2.3 及图 2.4 所示,每一次的 CBL 操作,都会缩小特征图尺寸,而为了防止信息丢失则要增加特征图的数量。本书的研究对象形状较为方正,虽然摆放过程或者摄像视角的变化会使包裹的形状发生一定扭曲与模糊,但是对模型识别的影响不大,且包裹的颜色很单一,针对这种数据特征较为简单的识别目标来说,模型并不需要学习过强的图像特征。因此,根据实际目标需求,在保证精度的同时减少模型参数,将模型的结构进行简化,可以在更低的硬件配置下获得更快的检测速度,从而适用于部署在嵌入式设备中的包裹识别任务。

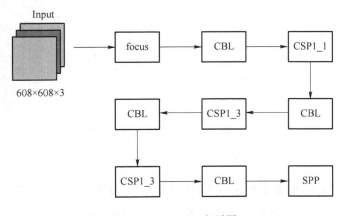

图 2.3　YOLOv5 主干图

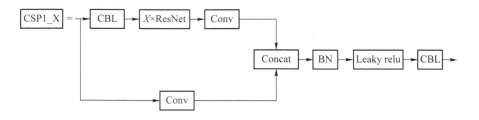

图 2.4 CSP1 结构图

基于卷积神经网络的特点,本研究从两个方向入手,尝试对网络的宽度减小的同时又在深度上进行了缩减:首先在 YOLOv5 的 darknet53 网络结构上进行剪裁,减小网络宽度,使其与原来相比缩小一半;其次在 YOLOv5 的 Neck 结构中将原 YOLOv5 模型的跳跃连接的输入更改为经过精简的 darknet53 相应特征图的网络层,用于减少深度和宽度带来的参数损失。为了方便描述,将优化后的模型命名为 Tailored-YOLO(T-YOLO)。模型结构如图 2.5 所示。

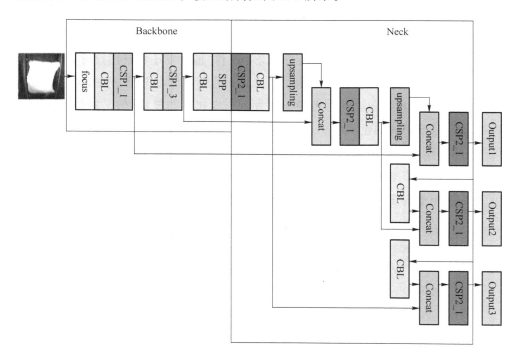

图 2.5 T-YOLO 结构图

在网络结构上,剪裁了主干网络(Backbone)中的两个结构,一个是 CBL 结构,另一个是 Bottleneck CSP1_3 结构。在裁剪了这两个结构之后,Backbone 中最后生成的卷积核数量减少,网络宽度相应的也缩小。由于结构的裁剪,相应地,Neck中 concat 结构也发生了变化。优化后的模型虽然减少了一步 CBL 操作,但是上采样的操作让模型的特征图尺寸仍然能保持一致。因此,T-YOLO 生成的三种预测特征图比原网络结构生成的预测特征图尺寸大,但是保留了目标的语义信息与浅层的空间信息,并且 T-YOLO 模型的卷积核数量得到了缩减,优化后的模型同时平衡了速度与精度方面的要求,符合特征较为简单且目标大小适中的识别要求。

Backbone 结构的代码如下所示,其中加粗斜体部分为修改后的内容。

```
[[-1,1,Focus,[64,3]],
 [-1,1,Conv,[128,3,2]],
 [-1,3,BottleneckCSP,[128]],
 [-1,1,Conv,[128,3,2]],
 [-1,9,BottleneckCSP,[128]],
 [-1,1,Conv,[256,3,2]],
 [-1,9,BottleneckCSP,[256]],
 [-1,1,Conv,[512,3,2]],
 [-1,1,SPP,[512,[5,9,13]]],
 [-1,3,BottleneckCSP,[512,False]],  ]
```

Neck 结构的代码如下所示,其中加粗斜体部分为修改后的内容。

```
[[-1,1,Conv,[256,1,1]],
 [-1,1,nn.Upsample,[None,2,'nearest']],
 [[-1,4],1,Concat,[1]],
 [-1,3,BottleneckCSP,[256,False]],
 [-1,1,Conv,[128,1,1]],
 [-1,1,nn.Upsample,[None,2,'nearest']],
 [[-1,2],1,Concat,[1]],
 [-1,3,BottleneckCSP,[128,False]],
 [-1,1,Conv,[128,3,2]],
 [[-1,12],1,Concat,[1]],
```

```
[-1,3,BottleneckCSP,[256,False]],

[-1,1,Conv,[256,3,2]],
[[-1,8],1,Concat,[1]],
[-1,3,BottleneckCSP,[512,False]],

[[15,18,21],1,Detect,[nc,anchors]], ]
```

2.2.2 出入库环境下的目标识别实验

实验采集了某仓库323G出入库录像视频并将视频数据分帧成格式为png的图像数据,筛选出背景整洁、包裹较为清晰的图像作为标注数据集,生成了2 300张标记好的图像数据,作为本章所研究模型的训练、验证数据集。

图2.6显示了T-YOLO模型与YOLOv5模型初步训练包裹图像后的损失函数曲线对比图。可以看出,T-YOLO模型的训练损失曲线与YOLOv5模型的训练损失曲线基本一致,在前50个网络训练周期中,两个模型的损失值迅速下降,直到50~100个训练周期时才逐渐平缓,在经过200个训练周期后两者曲线均趋于稳定。因此,本章将训练迭代次数设置为300次,确定经过300次训练后的T-YOLO模型作为包裹的目标识别模型。

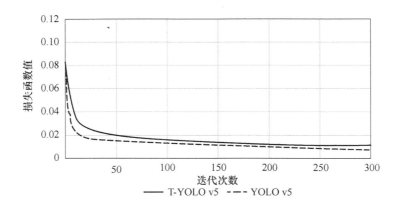

图 2.6 T-YOLO 模型与 YOLOv5 模型初步训练包裹图像后的损失函数曲线对比图

为了验证T-YOLO模型对单个包裹、重叠包裹识别的性能,本实验对数据集进行了 300 次迭代训练,并对模型进行了测试。图 2.7(a)显示了单包识别的结果,图 2.7(b)显示了叠包识别的结果。可以看出,T-YOLO 模型能够正确识别两种不同情况下的包,并且具有一定的鲁棒性。

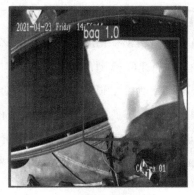 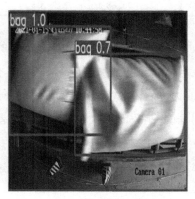

(a) 单包识别　　　　　　　　　　　(b) 叠包识别

图 2.7　包裹识别

如图 2.8 中的实验结果显示,T-YOLO 模型识别包裹的准确率最高为 95.88%,召回率最高为 99.15%,说明 T-YOLO 能非常精准地检测到物体并识别出该物品是包裹。

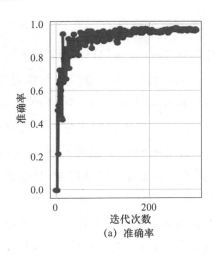 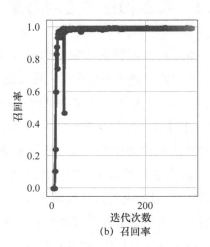

(a) 准确率　　　　　　　　　　　(b) 召回率

图 2.8　包裹识别的实验结果

YOLOv5 模型以及 T-YOLO 模型在仓库包裹(包裹)目标检测数据集上的实验结果对比如表 2.1 所示。

表 2.1　实验结果对比

模型	准确率/%	召回率/%	mAP/%	参数大小/MB	计数准确率/%
YOLOv5	96.23	100	99.73	14.4	99.23
T-YOLO	95.88	99.15	99.50	3.8	99.80

从表 2.1 可以看出，YOLOv5 模型的准确率为 96.23%，mAP 值为 99.73%，召回率为 100%，计数准确率为 99.23%；优化后的 T-YOLO 模型的准确率为 95.88%，mAP 值为 99.50%，召回率为 99.15%，计数准确率为 99.80%。虽然 T-YOLO 模型识别准确率低于 YOLOv5 模型，但差别很小，只降低了 0.35%；此外，其模型参数减少了近 11 MB，对于仓储环境下的目标识别任务而言，T-YOLO 模型更小，执行效率更高，兼顾了检测准确率、检测速度和算力成本，能够较好地完成包裹识别任务。

2.3　出入库智能计数及应用

2.3.1　模型构建与应用方案

本节的出入库智能计数模型由 T-YOLO 和 Deep Sort 目标跟踪方法共同构成。实验中将摄像头架设在出入库传送带上方，以保证摄像头获取的图像完整、清晰、光照良好且无其他过多杂乱物品；使用深度学习集成框架（T-YOLO＋Deep Sort）对传送带上的包裹进行实时检测、跟踪和计数；居中选取四分之三长度的摄像头画面区域作为识别中心，确保包裹能在稳定的画面中被计算机识别；使用 Deep Sort 目标跟踪方法对特征匹配度大于阈值的包裹进行级联匹配，当连续 8 帧匹配成功时，对包裹进行计数操作。

图 2.9 所示为出入库管理智能计数的总体方案。方案中选用出入库视频分帧而成且经过筛选与标注处理的图像作为 T-YOLO 的训练及验证数据，将图像数据的 70% 用于模型训练，30% 用于模型验证，获得最佳权重后更新 T-YOLO 的模型权重，将 T-YOLO 作为检测器，结合 Deep Sort 方法实行对包裹的识别、跟踪及计数，最后使用后向校验方案提高计数准确率。

第 2 章 基于深度学习的出入库管理智能计数算法

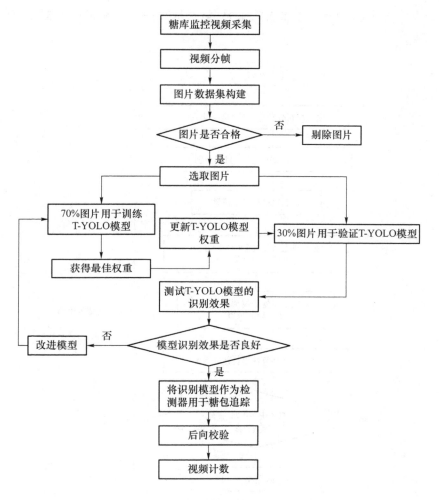

图 2.9 出入库管理智能计数的总体方案

2.3.2 目标跟踪算法的设计

出于平衡识别速度与跟踪准确度的考虑,本节采用"先检测后跟踪"的思路,先用 T-YOLO 方法识别包裹,再对 Deep Sort 算法进行设计,实现对多个包裹的目标跟踪。Deep Sort 目标跟踪算法流程如图 2.10 所示。

该算法主要包含以下 4 个步骤。

步骤 1:对采集到的视频首先进行预处理操作,在得到标注好的图片数据之后,使用 T-YOLO 目标识别算法提取出边框位置信息等深层信息,得到候选框后使用非极大值抑制(NMS)算法去除重叠框,选取出一个效果最好的框,得到最终检测结果。

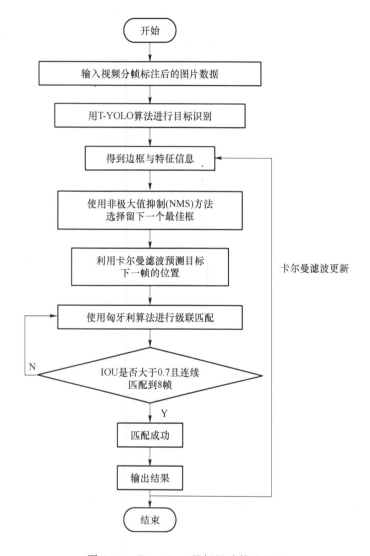

图 2.10　Deep Sort 目标跟踪算法流程

在 T-YOLO 目标识别方法的后处理过程中,在非最大值抑制操作中应用距离并交比(DIoU)选择边界框。DIoU_NMS 的定义如下:

$$s_i = \begin{cases} s_i, & \text{IoU} - R_{\text{DIoU}}(M, B_i) < \varepsilon \\ 0, & \text{IoU} - R_{\text{DIoU}}(M, B_i) \geqslant \varepsilon \end{cases} \tag{2-1}$$

其中,M 是高置信度候选框,B_i 是遍历框和 M 的重合。此外,R_{DIoU} 是两个候选框

第 2 章 基于深度学习的出入库管理智能计数算法

中心点之间的距离,计算公式如下:

$$R_{\text{DIoU}} = \frac{\rho^2(b, b^{\text{gt}})}{c^2} \tag{2-2}$$

其中,b 和 b^{gt} 分别表示锚框和目标框的中心点,ρ 表示两个中心点之间的欧氏距离,c 表示可以同时覆盖锚框和目标框的最小矩形的对角线距离。

步骤 2:使用卡尔曼滤波算法对目标在视频中下一帧的位置和状态进行预测,对比 T-YOLO 提供的检测框,将置信度更高的检测框作为预测结果。

卡尔曼滤波的原状态方程用以下公式表示:

$$x_i = Ax_{i-1} + Bu_{i-1} + \omega \tag{2-3}$$

其中,x 表示要估计的状态,i 和 $i-1$ 表示当前状态和原状态,A 表示原状态与现状态的转换矩阵,B 表示控制输入到现状态的转换矩阵,u 表示控制输入,ω 表示过程噪声。此外,当前状态的测量方程定义如下:

$$z_i = Hx_i + v \tag{2-4}$$

其中,z 表示测量值,v 表示测量噪声,H 表示当前状态到测量值的转换矩阵。

本例选取 IOU 大于 0.7 的目标进行跟踪,对 IOU 小于 0.7 的目标不做后续的跟踪操作。

步骤 3:Deep Sort 结合运动信息和外观信息,使用匈牙利算法对前后两帧进行预测框和跟踪框之间的匹配,若能连续匹配到 8 帧及以上,则认为匹配成功,可以进行下一步计数作业。

对于运动信息,沿用马氏距离描述卡尔曼滤波预测结果和检测器结果的关联程度,并将阈值 t 设定为 0.5。对于外观信息,距离度量方式就是计算第 i 个跟踪框和第 j 个检测框的最小余弦距离,如下式所示:

$$d^{(2)}(i,j) = \min\{1 - r_j^{\text{T}} r_k^{(i)} \mid r_k^{(i)} \in \boldsymbol{R}_i\} \tag{2-5}$$

当 $d^{(2)}(i,j)$ 小于阈值 0.5 时,则认为关联成功。

步骤 4:若连续匹配的帧数小于 8 帧,则匹配失败,并将跟踪失败的 ID 舍弃,防止灰色数据对内存的占用影响后续识别与跟踪任务的速度。若连续匹配的帧数达到 8 帧及以上,则认为匹配成功,输出结果,同时对 Deep Sort 算法进行参数更新,然后重新开始目标检测。

Deep Sort 目标跟踪算法用线性加权的方式同时关联了物体的运动状态和特征,加上其从小到大的级联匹配思想,不仅解决了叠包、连包时出现的遮挡问题,还确保了给最近出现的目标赋予最大的优先权,ID 转换的减少有效提高了跟踪准确性。

运用Deep Sort目标跟踪算法进行包裹跟踪的核心代码如下。

```
cfg = get_config()
cfg.merge_from_file(opt.config_deepsort)
deepsort = DeepSort(cfg.DEEPSORT.REID_CKPT,
    max_dist = cfg.DEEPSORT.MAX_DIST,
    min_confidence = cfg.DEEPSORT.MIN_CONFIDENCE,
    nms_max_overlap = cfg.DEEPSORT.NMS_MAX_OVERLAP,
    max_iou_distance = cfg.DEEPSORT.MAX_IOU_DISTANCE,
    max_age = cfg.DEEPSORT.MAX_AGE,
    n_init = cfg.DEEPSORT.N_INIT,
    nn_budget = cfg.DEEPSORT.NN_BUDGET, use_cuda = True)
```

当Deep Sort目标跟踪算法连续8帧匹配成功时，对包裹进行计数操作，相应代码如下。

```
before_count = len(count_ids)
for identity in identities:
    entity_ids.append(identity)
    if entity_ids.count(identity) >= 8 and identity not in count_ids and x1 <=
xxyy_c and x1 >= xxyy_a and y1 <= xxyy_d and y1 >= xxyy_b:
        count_ids.append(identity)
        entity_count = len(count_ids)
        string_switch("./data/test64.txt", str(entity_count), 64)
entity_count = len(count_ids)
if entity_count > before_count:
    no_img_num = 0
```

2.3.3 计数结果的后置校验

1. 后置校验方案

根据卷积神经网络的卷积层数越多，特征提取越精确，模型复杂度越大的特点，以卷积神经网络为核心的T-YOLO方法存在仍然难以平衡识别精度与速度的问题，再加上Deep Sort目标跟踪算法在多目标跟踪过程中容易受到复杂且变化多

第 2 章 基于深度学习的出入库管理智能计数算法

端的环境、包裹遮挡或重叠、储备库中传送带以外目标与包裹在颜色和形状上具有相似性等因素的影响(尤其是包裹本身为纯白色,出现连包、叠包时容易被计算机当成同一个包裹),目标跟踪过程中易出现跟踪失败、误判和漏判等问题。

本节为了使计数模型轻量化,提高模型识别速度,对 YOLOv5s 模型作出了裁剪,虽然识别的目标较为单一,但是随着 CBL 结构的简化,必然会出现识别精度下降的情况,从而影响后续的跟踪与计数任务。为弥补裁剪后的 YOLOv5 模型出现计数准确率下降问题,本节在原来只用一个摄像头进行识别、跟踪与计数的方案下,再增加两个摄像头,采用三个摄像头同时计数的校验方案,以保证包裹计数准确。三摄像头计数部署图如图 2.11 所示。

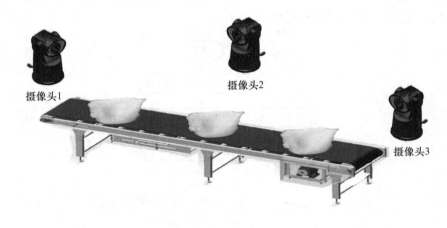

图 2.11 三摄像头计数部署图

后置校验方案主要包含以下 5 个步骤。

步骤 1:读取三个摄像头的识别帧信息。使用三个摄像头对同一时间段传送带上运输的包裹进行实时计数,所构建的计数模型在识别出包裹后会生成成功计数时的时间帧数,并将其存储在文件中。

步骤 2:找最近的一个有效的时间段,返回有效帧。每一个摄像头开始识别包裹的时间是不同的,为了平衡三个摄像头的时间,本节将三个摄像头识别出第一个包裹之前的帧数均删除,确保三个摄像头在第 1 帧时均能完成第一次识别工作。

步骤 3:将三个摄像头帧数分区间存储在三个字典之中。后置校验方案即在稳定三个摄像头识别帧数之后,将三个摄像头的帧按相同区间进行分区。在区间大小的设定方面,研究时做了四组实验,分别将区间数划分为 500、1 000、1 500、2 000,实验表明四种区间效果差距不大,因此本节选择 1 000 帧作为区间数,保证每个区间中识别帧既不会太多也不会太少,以便于计算机运算。

步骤 4: 循环判断三个摄像头帧数在每个区间中识别出的包裹个数。将三个摄像头在相同区间内的识别帧数分为三种情况:一是三者一致,数量直接加和即可;二是其中两个摄像头的相同区间帧数一致,另外一个不一致,遵从"少数服从多数"原则,该区间识别数为相同的数;三是三个摄像头的同区间帧数皆不相同,将三个帧数求平均取整,并加到数量中。

步骤 5: 对三个摄像头每段区间协调后的包裹个数加和。重复步骤 4,直至所有区间均运算完毕,结束循环。基于此方案,将每个区间的数值相加,得出最终包裹数量,即此段时间出入库的包裹总个数,表明一次包裹出/入库作业结束。

后置校验方案的流程图如图 2.12 所示。

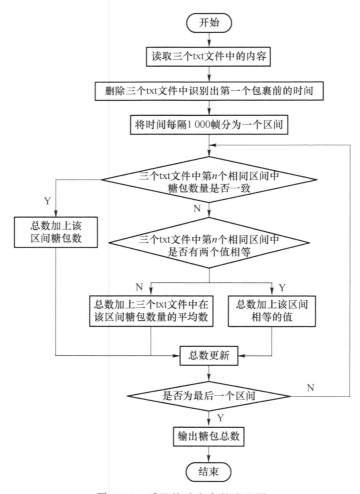

图 2.12 后置校验方案的流程图

根据图 2.12 中描述的后置校验流程,给出校验过程的主要代码。

```
if flag64 == 1 and flag65 == 1 and flag66 == 1:
    if ibf66 == ibf64 and ibf66! = ibf65:
        print(1)
        num + = ibf66
    elif ibf66 == ibf65 and ibf66! = ibf64:
        num + = ibf66
    elif ibf65 == ibf64 and ibf65! = ibf66:
        num + = ibf65
    else:
        num + = ibf66
    i64 + = 1
    i65 + = 1
    i66 + = 1
    flag64,flag65,flag66 = 0,0,0
    flagtime = flagtime + section
if flag64 == - 1 and flag65 == - 1 and flag66 == - 1:
    if ibf66 == ibf64 and ibf66! = ibf65:
        num + = ibf66
    elif ibf66 == ibf65 and ibf66! = ibf64:
        num + = ibf66
    elif ibf65 == ibf64 and ibf65! = ibf66:
        num + = ibf65
    else:
        num + = ibf66
    break
return num
```

2. 后置校验实验结果分析

实验选用一段 13 分钟的出入库视频作为后置校验的实验数据。三个摄像头在执行完计数任务后生成三个记录了识别帧的数据文件,分别为 txt1、txt2 和 txt3。其中,txt1 的总帧数为 19 937,于第 1 361 帧计第一次数;txt2 的总帧数为 19 995,于第 1 420 帧计第一次数;txt3 的总帧数为 20 048,于第 1 473 帧计第一次数。执行完步骤 2 后，txt1 的总帧数为 18 576；txt2 的总帧数为 18 575；txt3 的总帧数为 18 575。表 2.2 所示为三个摄像头在各区间中的识别帧数统计。

表 2.2　三个摄像头在各区间中的识别帧数统计

区间	摄像头 1 计数	摄像头 2 计数	摄像头 3 计数	后置校验数	真实数
0~1 000	6	7	5	6	6
1 000~2 000	8	8	8	8	8
2 000~3 000	10	9	8	9	9
3 000~4 000	9	9	8	9	9
4 000~5 000	10	11	11	11	11
5 000~6 000	8	8	8	8	8
6 000~7 000	9	9	9	9	9
7 000~8 000	10	10	9	10	10
8 000~9 000	11	12	11	11	11
9 000~10 000	13	13	13	13	13
10 000~11 000	11	11	12	11	12
11 000~12 000	8	9	9	9	9
12 000~13 000	11	10	9	9	9
13 000~14 000	13	13	13	13	13
14 000~15 000	16	18	17	17	17
15 000~16 000	11	10	12	11	10
16 000~17 000	12	12	12	12	12
17 000~18 000	11	11	11	11	11
18 000~19 000	9	10	10	10	10
总数	196	199	195	198	198

根据 19 个区间的统计结果，摄像头 1 计数准确率为 98.98%，摄像头 2 计数准确率为 99.49%，摄像头 3 计数准确率为 98.48%。在本章计数模型准确率较高的前提下，使用后置校验方案，纠正了摄像头 1 计数上存在的 1.02% 的误差，纠正了摄像头 2 计数上存在的 0.51% 的误差，纠正了摄像头 3 计数上存在的 1.52% 的误差，使得最终的计数结果与真实值完全相符。

虽然优化后的 T-YOLO 计数模型具有较高的准确性，但考虑到实际场景下每次出入库的包裹数量可能多达上万个，单纯依靠模型计数仍然会导致一定数量的错计，因此本节提出了一种后置校验方案，实验表明每出入库一万个包裹，可纠正至少 50 个包裹的计数错误,因此该方案具有一定的可行性与实用性。

2.4 本章小结

本章通过改进 YOLOv5 提出了一种出入库智能计数模型——Tailored-YOLO 进行出入库包裹的识别,结合 Deep Sort 算法实现对包裹的跟踪,最后完成计数功能,从而在人力有限、包裹日出入库数量庞大且包裹没有标签,难以使用传统的条码计数方法的场景下,完成出入库智能计数任务。

本章研究具有以下几个方面的意义:(1)探究在人力有限、物品无标签场景下的货物出入库自动化计数问题,引入基于深度学习的识别与跟踪方法,通过机器视觉的方法实现货物出入库实时计数,为出入库管理提供了一种新的思路,减少由人工操作所带来的计数速度慢、准确性不高、成本高等问题;(2)本章所提出的轻量级模型在一定程度上解决了深度学习模型在工业场景下实现低成本部署的问题,可使企业在不需要对原有仓库设施进行改造的情况下,以较少的投入完成部署;(3)丰富了智慧仓储领域的研究,本章提出的方法也可以作为解决智慧仓储领域相似问题的方案,甚至可以为人流、车流统计等提供参考。

第 3 章
仓储货位优化与四向穿梭车任务排序

仓储是物流的重要环节。随着电子商务等领域的快速发展,仓储业从人工仓储、机械化仓储、自动化仓储、集成自动化仓储发展到智慧仓储,仓储设备不断变革更新,出现了如四向穿梭车等新型智慧仓储系统,这类系统具有灵活性高、仓储利用率高、出错概率低等优点。本章以四向穿梭车智慧仓储系统为主要研究对象,对四向穿梭车货位分配以及任务排序优化算法进行研究,基于出入库频率原则、运输能耗原则、货位分配均衡原则构建了货位分配优化模型;构建不跨层四向穿梭车模式和跨层四向穿梭车模式下的出入库任务排序优化模型,提出基于遗传算法的任务排序与货位分配优化方法。实验结果表明,本章提出的优化模型能够在满足分配原则的基础上实现最优货位分配,并且对批量到达的入库任务和出库任务提供最优的排序方案。

3.1 仓储货位分配与任务调度问题

对于现代仓储来说,面对呈指数级增长的订单数量,订单的快速响应非常重要,企业迫切需要改变传统仓储系统引起的订单响应时间长、作业效率低的问题。由于现代仓储设施需要储存数百万种产品,人工拣货的方式费时又费力,越来越多的企业通过引入立体仓库和机器人来实现转型升级,智慧仓储系统的发展势在必行。四向穿梭车仓储系统是智慧仓储系统的一种,它可以高效率地完成货物搬运,减少人工操作,提高仓库流程的自动化程度,使得仓储运作更为高效,节约人工成本。

一直以来,自动化立体仓库有两类问题是研究的热点。一类是货位分配优化问题,即在货品当前位置的基础上,基于货架和货品的特性以及其他变化因素而动态地再配置仓库中货物的库位,以达到提高出入库效率和降低仓库操作成本的目的。例如,建立多目标的储位优化模型,使用蒙特卡洛树等搜索算法、遗传算法等进行求解。另一类是自动化立体仓库的调度与任务排序问题。如有学者对于考虑任务发布时间和交货期的任务排序建立双目标混合整数线性规划模型,并基于遗传算法针对不同规模的问题进行求解。又如有学者以设备的能量消耗最小为优化目标,考虑以截止时间为约束建立数学模型,基于灰狼算法进行求解。再如有学者针对货位分配和任务排序问题建立模型,引入启发式策略,并利用分支定界法来优化排序模型。

穿梭车系统是立体仓库的重要组成部分。对穿梭车仓储系统的研究主要集中在系统性能和任务调度问题上。在穿梭车仓储系统的性能方面,有学者针对子母穿梭车系统提出分析旅行时间模型,该模型能够计算子母穿梭车系统的单指令模式和双指令模式下的作业时间,从而评估系统性能;建立能量消耗模型从而确定仓储系统吞吐量与能耗之间的关系,为自动化仓库设计者和管理者提供绿色决策依据;采用基于图形的解决方案评估不同设计方案下的穿梭车仓储系统的性能,考虑不同层数、储位数量和任务到达率等的场景,帮助决策者评估预定义系统的性能。针对任务调度问题,一般的解决方法是建立穿梭车仓储系统的任务时间模型,并采用粒子群、人工蜂群、遗传算法等智能算法解决系统的调度优化问题。具体到特定研究对象,还需要考虑货位深度、穿梭车是否跨层运行、提升机数量和任务约束等不同场景,然后建立相应的模型再进行求解。

随着穿梭车技术的发展,四向穿梭车系统出现后迅速受到了行业内的广泛关注。四向穿梭车是指能在平面内前、后、左、右四个方向进行穿梭运行的仓储机器人,该设备能够实现自动换道换层、自动存取货和自动爬坡,还能够在地面搬运行驶,是结合自动堆垛机、无人引导车、自动搬运车等多项功能于一体的智能搬运设备,具备更好的灵活性和适应性,可以根据具体应用环境灵活调度。

四向穿梭车仓储系统的研究主要关注其路径规划与仓储任务调度问题。针对路径规划问题,通常需要对四向穿梭车进行实时位置、速度等状态信息的检测,判断其是否出现路径冲突,根据冲突类型和交通调度方案进行路径的实时局部调整,并采用 A＊算法等进行路径规划。对于多台四向穿梭车同时作业的问题,需要制定路径定向策略,构建调度模型,同时在路径规划时考虑四向穿梭车的路径交叉死锁问题。

在已有的穿梭车仓储系统研究中,货位优化、任务调度问题研究广泛,但是研究对象多为往复穿梭车仓储系统或子母式穿梭车仓储系统,而对四向穿梭车仓储系统内的货位分配优化、任务排序优化问题较少涉及。此外,现有四向穿梭车研究多是针对单层深度仓储系统单一批次任务的出库问题,缺乏针对批量任务出入库复合作业场景的研究。

3.2 四向穿梭车仓储系统

3.2.1 系统概述

四向穿梭车仓储系统通常包括四向穿梭车、提升机、轨道式多层货架、任务缓存区、输入/输出点(I/O 点)、输送机和其他自动化硬件设备,以及仓库控制系统、仓库管理系统等软件。四向穿梭车作为核心设备,可以沿每层的轨道向前、后、左、右四个方向行驶到目标位置,然后通过提升装置取出任务货箱。四向穿梭车通常负责水平面上的任务运输,垂直方向上的任务运输由提升机完成。二者的结合实现了整个仓储区域内货箱的三维动态运输调度。

本章研究的四向穿梭车仓储系统的货架为双层深度,系统中包含执行运输任务的提升机 1 和辅助四向穿梭车跨层作业的提升机 2。在此系统中,四向穿梭车负责水平面上的运输,提升机 1 完成出入库运输,提升机 2 负责四向穿梭车跨层取货时的换层运输,I/O 点位于货架的中间。系统俯视图如图 3.1 所示,系统侧视图如图 3.2 所示。

第 3 章　仓储货位优化与四向穿梭车任务排序

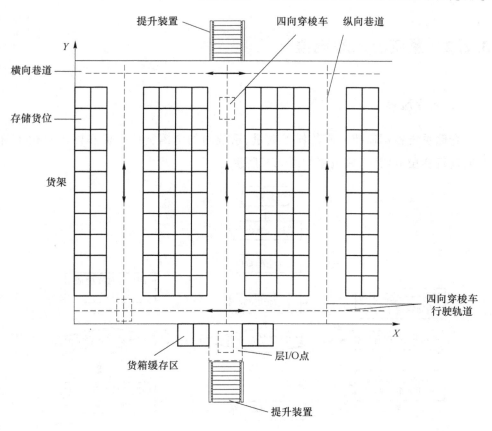

图 3.1　系统俯视图

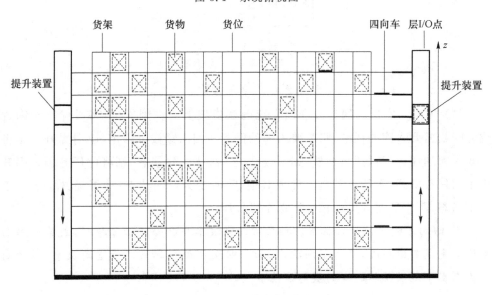

图 3.2　系统侧视图

3.2.2 系统出入库流程

1. 入库流程

仓储系统根据需要入库的任务数量、系统内的空闲货位坐标和四向穿梭车所在层进行货位分配,入库流程如图3.3所示。

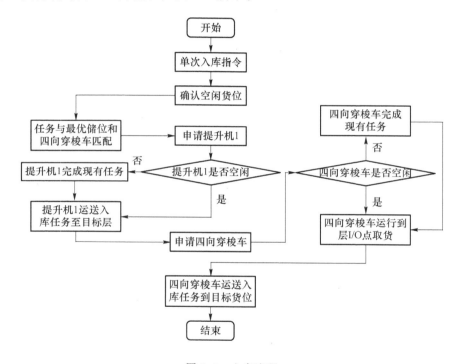

图 3.3 入库流程

(1) 单次入库指令到达。仓储系统确认货架上的空闲货位,将最优的空闲货位分配给需要入库的任务,将需要入库的任务与四向穿梭车绑定,申请提升机1将需要入库的任务运送至目标层,如果提升机1处于忙碌状态,则将此任务插入提升机1的任务队列,等待提升机1完成其他任务,变为空闲状态;如果提升机1处于空闲状态,则将需要入库的任务运送至目标层。

① 四向穿梭车位于目标层。如果四向穿梭车此时处于忙碌状态,则等待四向穿梭车完成其他任务,变为空闲状态;如果四向穿梭车此时处于空闲状态,则四向穿梭车水平运动至巷道口的层I/O点。

② 四向穿梭车不在目标层。如果四向穿梭车此时处于忙碌状态,则等待四向穿梭车完成其他任务,变为空闲状态;如果四向穿梭车此时处于空闲状态,则申请提升机 2,同时四向穿梭车水平运动到巷道尾端。如果提升机 2 此时处于忙碌状态,则等待提升机 2 完成其他任务,变为空闲状态;如果提升机 2 此时处于空闲状态,则垂直移动到四向穿梭车所在层,搭载四向穿梭车移动到目标层,释放四向穿梭车后,四向穿梭车水平运动到层 I/O 点。

(2) 如果需要入库的任务比四向穿梭车先到达目标层,则提升机 1 将需要入库的任务存放在层缓存区,等待四向穿梭车取货;如果四向穿梭车比需要入库的任务先到达目标层,则四向穿梭车在层 I/O 点等待任务到达。四向穿梭车取得任务后,水平运动至目标货位,卸载任务。

(3) 四向穿梭车完成本次入库任务后停在原位,等待新的任务。

2. 出库流程

仓储系统根据需要出库的任务数量、需要出库的任务所在货位和四向穿梭车所在层进行任务排序。出库流程如图 3.4 所示。

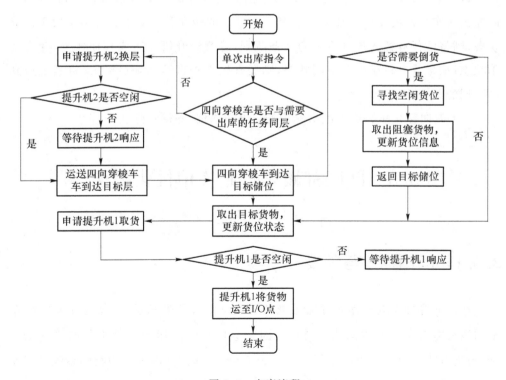

图 3.4 出库流程

(1) 单次出库指令到达。系统确认需要出库的任务所在货位，判断四向穿梭车所在层是否与出库任务同层。

① 需要出库的任务与四向穿梭车位于同一层。如果四向穿梭车此时处于忙碌状态，则等待四向穿梭车完成其他任务，变为空闲状态；如果四向穿梭车此时处于空闲状态，则水平运动到目标货位。

② 需要出库的任务与四向穿梭车不在同一层。如果四向穿梭车此时处于忙碌状态，则等待四向穿梭车完成其他任务，变为空闲状态；如果四向穿梭车此时处于空闲状态，则申请提升机2，同时四向穿梭车水平运动到巷道尾端。如果提升机2此时处于忙碌状态，则等待提升机2完成其他任务，变为空闲状态；如果提升机2此时处于空闲状态，则垂直移动到四向穿梭车所在层，搭载四向穿梭车移动到目标层，释放四向穿梭车后，四向穿梭车水平移动到目标货位。

(2) 如果需要出库的任务位于深度为2的货位且外侧有阻塞货物，则需要倒货，四向穿梭车先将深度为1的货物取出，运送到倒货货位；如果需要出库的任务位于深度为2的货位且外侧没有阻塞货物或如果需要出库的任务位于深度为1的货位，则不需要倒货，四向穿梭车直接取出需要出库的任务并请求提升机1，同时四向穿梭车将需要出库的任务运送至层I/O点的缓存区。如果提升机1处于忙碌状态，则将此任务插入提升机1的任务队列，等待提升机1完成其他任务，变为空闲状态；如果提升机1处于空闲状态，则提升机1垂直运动到目标层，将其运送到第一层的I/O点出库。

(3) 四向穿梭车完成本次出库任务后停在原位，等待新的任务。

3.3　四向穿梭车仓储货位优化模型

3.3.1　问题描述与假设

在四向穿梭车仓储系统存储区域内建立三维直角坐标系，定义与四向穿梭车横向运行方向平行的方向为 X 轴，与四向穿梭车纵向运行方向平行的方向为 Y 轴，与提升机垂直运行方向平行的方向为 Z 轴，同时定义图3.2中仓储系统最下面的货架为第1层，图3.1中最左侧的货架为第1列，最靠近层I/O点的货架为第1

排。通过对仓储系统建立坐标系,仓储系统中每个货位都可以用坐标(x,y,z)表示〔$x\in(1,2,\cdots,C),y\in(1,2,\cdots,R),z\in(1,2,\cdots,F),x,y,z$均为正整数〕,其中$x,y,z$分别表示仓储货位的列、排、层。

本章在构建四向穿梭车仓储系统货位分配优化模型时提出以下假设:
(1) 仓储系统内部的存储货位大小相同;
(2) 每个存储货位只能存放一个任务;
(3) 研究过程中只考虑任务重量;
(4) 在货位分配规划中,四向穿梭车与提升机均以最大速度做匀速运动,且忽略设备交接时间。

3.3.2 货位优化模型

四向穿梭车仓储货位优化模型中所用到的符号如表 3.1 所示。

表 3.1 仓储货位优化模型符号及符号说明

符号	符号说明
F	系统货架层数
C	系统货架列数
R	系统货架排数
l	单个仓储货位的长度/m
h	单个仓储货位的高度/m
w_1	单个仓储货位的宽度/m
N	待入库任务的个数
w_2	巷道的宽度/m
v_f	四向穿梭车的最大速度/(m·s^{-1})
v_L	提升机的最大速度/(m·s^{-1})
m_s	四向穿梭车质量/g
m_L	提升机质量/g
m_r	待入库任务质量/g
p^r	待入库任务的周转率
μ	地面摩擦系数,$0.45<\mu<0.6$
depth	货位的深度

智慧物流：仓储与配送中的智能算法

货位分配前，仓储管理系统会根据现在的货位情况进行更新并反馈货位信息。其中，集合 $S=\{(x_i^s, y_i^s, z_i^s) | i=1,2,3,\cdots,I, I<F\cdot C\cdot R\}$ 为四向穿梭车仓储系统当前所有空货位的集合；集合 $Q=\{(x_i^o, y_i^o, z_i^o) | i=1,2,3,\cdots,J, J<F\cdot C\cdot R\}$ 为四向穿梭车仓储系统当前所有不空货位的集合。

纵向巷道的编号集为 $D=\{D_1, D_2, D_3, \cdots, D_{C/4}\}$。其中，$D_1$ 表示第一个巷道，它位于第二、第三列货架之间；$D_{C/4}$ 表示最后一组货架之间的巷道。由于本章定义的四向穿梭车仓储系统的一个巷道对应 4 个货位，因此坐标为 (x,y,z) 的存储货位所在的巷道为

$$D_{xyz} = \left[\frac{x}{4}\right]$$

(x^r, y^r, z^r) 表示批量订单任务中的某一个需要入库的任务被仓储系统根据货位分配优化原则所分配的存储货位坐标，则有

$$(x^r, y^r, z^r) \in S$$

根据以上信息，建立以下多目标货位分配优化模型。

目标一：以出入库频率最高为目标。

在货位分配过程中，需要综合考虑任务出入库的速度、货物周转率和设备运行情况。暂时忽略设备交接时间与加速度情况，并认为四向穿梭车和提升机的总作业时间越短，仓储系统的出入库效率就越高。四向穿梭车仓储系统中，层 I/O 点所在巷道为

$$D_{\text{IO}} = \frac{\left(\left[\frac{C}{4}\right]+1\right)}{2}$$

任务的出入库主要由提升机与四向穿梭车完成，在智能设备进行任务出入库时涉及的任务距离是相同的，分别为

$$S_{\text{in}} = S_{\text{out}} = \left| D_{\text{IO}} - \left[\frac{x^r}{4}\right] \right| \cdot (5\cdot w_1 + w_2) + (w_2 + y^r \cdot l), \quad \text{depth}=2$$

$$L_{\text{in}} = L_{\text{out}} = (z^r - 1)\cdot h$$

因此，目标一为

$$T_{\text{in}} = \frac{S_{\text{in}}}{v_{\text{f}}} + \frac{L_{\text{in}}}{v_{\text{L}}}$$

$$T_{\text{out}} = \frac{S_{\text{out}}}{v_{\text{f}}} + \frac{L_{\text{out}}}{v_{\text{L}}}$$

$$\min f_1 = \sum_{i=1}^{N}[p^r \cdot (T_{in} + T_{out})]$$

目标二：根据运输能耗原则，使仓储系统能源消耗最低。

能源消耗包括四向穿梭车运行产生的能耗和提升机垂直运行产生的能耗。四向穿梭车水平运行产生的能耗仅考虑四向穿梭车自身重量、运输任务的重量、地面摩擦力以及运输距离的影响。

$$E_S = \mu \cdot g \cdot (m_s + m_r) \cdot S_{in}$$

提升机垂直运行产生的能耗和提升机重量、任务重量以及垂直向上运行的距离相关。

$$E_L = g \cdot (m_L + m_r) \cdot L_{in}$$

单个任务出库能源消耗计算方式与入库计算方式相同。单个任务出/入库的能源消耗：

$$E_{in} = E_{out} = E_S + E_L$$

最终，目标二表示为

$$\min f_2 = \sum_{i=1}^{N}[E_{in} + E_{out}]$$

目标三：根据货位分配均衡原则，使各层货物存储量趋于平衡。

为了保证货架稳定性与货架的受力均衡，平衡各层出入库任务的数量，本章以仓储系统每层占用货位的标准差来反映存储量的均衡程度。其值越小，表示设备调度作业越均衡。则目标三可表示为

$$\min f_3 = \sqrt{\frac{\sum_{i=1}^{F}(Q_i - Q_{\bar{i}})^2}{F-1}}$$

其中，Q_i 表示需要入库的任务被分配货位后，仓储系统第 i 层中未被利用的货位数量；$Q_{\bar{i}}$ 表示需要入库的任务被分配货位后第 i 层已被利用的货位数量。

由此，建立多目标货位分配优化模型：

$$\begin{cases} \min f_1 = \sum_{i=1}^{N}[p^r \cdot (T_{in} + T_{out})] \\ \min f_2 = \sum_{i=1}^{N}[E_{in} + E_{out}] \\ \min f_3 = \sqrt{\dfrac{\sum_{i=1}^{F}(Q_i - Q_{\bar{i}})^2}{F-1}} \end{cases}$$

约束条件：

$$\text{s.t.} \begin{cases} (x^r, y^r, z^r) \in S \\ 1 < x^r < C, \quad x^r \in N^* \\ 1 < y^r < R, \quad y^r \in N^* \\ 1 < z^r < F, \quad z^r \in N^* \end{cases}$$

为了使结果更具有参考性，对三个目标值进行归一化处理：

$$f'_1 = \frac{f_1 - \min f_1 + \lambda}{\max f_1 - f_1 + \lambda}$$

$$f'_2 = \frac{f_2 - \min f_2 + \lambda}{\max f_2 - f_2 + \lambda}$$

$$f'_3 = \frac{f_3 - \min f_3 + \lambda}{\max f_3 - f_3 + \lambda}$$

取 α、β、γ 分别为三个目标的权重系数，加权求和后得到目标函数：

$$\min F' = \alpha \cdot f'_1 + \beta \cdot f'_2 + \gamma \cdot f'_3 \tag{3-1}$$

3.4 四向穿梭车任务排序模型

3.4.1 问题描述与假设

四向穿梭车仓储系统执行批量作业时，由于出入库任务的执行顺序不同，四向穿梭车与提升机等设备可能会由于交互顺序的影响，产生大量的等待时间，进而影响系统的出入库总时间，所以有必要对四向穿梭车的出入库作业任务进行排序。

四向穿梭车仓储系统在执行任务时，应满足以下条件：

（1）每个任务有且仅由一辆四向穿梭车完成。

（2）每个层 I/O 点的缓存区能够满足缓存任务数量需求。

（3）提升机的调度遵循"先到先服务"的原则。

（4）四向穿梭车、提升机停在完成工作的位置。

（5）为防止碰撞和死锁现象，每层只允许一辆四向穿梭车进入。

（6）巷道的长度足够四向穿梭车水平运行达到最大距离，货架高度足够提升机垂直运行达到最大距离。

3.4.2 设备运行状态分析

本节用到的符号见表 3.2。

表 3.2 符号说明

符号	符号说明
F	系统货架层数
C	系统货架列数
R	系统货架排数
l	单个存储货位的长度/m
h	单个存储货位的高度/m
w_1	单个存储货位的宽度/m
N	待入库任务的个数
w_2	巷道的宽度/m
v_f	四向穿梭车的最大速度/(m·s^{-1})
v_L	提升机的最大速度/(m·s^{-1})
a_f	四向穿梭车的加速度/(m·s^{-2})
a_L	提升机的加速度/(m·s^{-2})
t_{lu}	四向穿梭车装/卸载任务时花费时间/s
t_{lus}	提升机装/卸载四向穿梭车花费时间/s

(1) 四向穿梭车跨层时,需要靠近提升机 2,其运动时间为 t_H:

$$t_H = \frac{2v_f}{a_f} + \frac{(w_2 + R \cdot l) - \frac{v_f^2}{a_f}}{v_f}$$

(2) 执行同层取放货任务时,四向穿梭车从巷道首到目标储位的单次横向运行距离为 S_{1x}:

$$S_{1x} = |D_{IO} - D_i| \cdot (4w_1 + w_2)$$

四向穿梭车从巷道首到目标储位的单次纵向运行距离为 S_{1y}:

$$S_{1y} = w_2 + y_i \cdot l$$

所以四向穿梭车在目标层单次水平运动所用的时间 t_{h1}^i:

$$t_{1x} = \begin{cases} \dfrac{S_{1x}}{v_f} + \dfrac{2v_f}{a_f}, & S_{1x} \geqslant \dfrac{v_f^2}{a_f} \\ 2\sqrt{\dfrac{S_{1x}}{a_f}}, & S_{1x} < \dfrac{v_f^2}{a_f} \end{cases}$$

$$t_{1y} = \begin{cases} \dfrac{S_{1y}}{v_f} + \dfrac{2v_f}{a_f}, & S_{1y} \geqslant \dfrac{v_f^2}{a_f} \\ 2\sqrt{\dfrac{S_{1y}}{a_f}}, & S_{1y} < \dfrac{v_f^2}{a_f} \end{cases}$$

$$t_{h1}^i = t_{1x} + t_{1y}$$

其中,t_{1x}为四向穿梭车在取货层单次横向运动时间,t_{1y}为四向穿梭车在取货层单次纵向运动时间。层I/O点所在巷道为D_{IO},需要出库的任务所在巷道D_i:

$$D_{IO} = \frac{C}{6}$$

$$D_i = \frac{x_i}{4}$$

同理,可以得到四向穿梭车执行跨层取货任务时在目标层从目标储位运行到巷道首的层I/O点所用的时间。

(3) 执行同层取货任务时,四向穿梭车从前一个任务储位到目标储位的单次横向运行距离为S_{2x}:

$$S_{2x} = |D_{i-1} - D_i| \cdot w_2 + |x_{i-1} - x_i| \cdot w_1$$

四向穿梭车从前一个任务储位到目标储位的单次纵向运行距离为S_{2y}:

$$S_{2y} = \begin{cases} 2|D_{i-1} - D_i| \cdot w_2 + |y_{i-1} + y_i| \cdot l, & D_{i-1} \neq D_i \\ |y_{i-1} - y_i| \cdot l, & D_{i-1} = D_i \end{cases}$$

所以四向穿梭车在取货层单次水平运行所用的时间t_{h2}^i:

$$t_{2x} = \begin{cases} \dfrac{S_{2x}}{v_f} + \dfrac{2v_f}{a_f}, & S_{2x} \geqslant \dfrac{v_f^2}{a_f} \\ 2\sqrt{\dfrac{S_{2x}}{a_f}}, & S_{2x} < \dfrac{v_f^2}{a_f} \end{cases}$$

$$t_{2y} = \begin{cases} \dfrac{S_{2y}}{v_f} + \dfrac{2v_f}{a_f}, & S_{2y} \geqslant \dfrac{v_f^2}{a_f} \\ 2\sqrt{\dfrac{S_{2y}}{a_f}}, & S_{2y} < \dfrac{v_f^2}{a_f} \end{cases}$$

$$t_{h2}^i = t_{2x} + t_{2y}$$

其中,t_{2x}为四向穿梭车在取货层单次横向运行时间,t_{2y}为四向穿梭车在取货层单次纵向运行时间。

(4) 执行跨层取货任务时,四向穿梭车从巷道尾到目标储位的单次横向运行距离为S_{3x}:

$$S_{3x} = |D_{IO} - D_i| \cdot (4w_1 + w_2)$$

四向穿梭车从巷道尾到目标储位的单次纵向运行距离为 S_{3y}：

$$S_{3y} = w_2 + (R - y_i) \cdot l$$

所以四向穿梭车在取货层单次水平运动所用的时间 t_{ch}^i：

$$t_{3x} = \begin{cases} \dfrac{S_{3x}}{v_f} + \dfrac{2v_f}{a_f}, & S_{3x} \geqslant \dfrac{v_f^2}{a_f} \\ 2\sqrt{\dfrac{S_{3x}}{a_f}}, & S_{3x} < \dfrac{v_f^2}{a_f} \end{cases}$$

$$t_{3y} = \begin{cases} \dfrac{S_{3y}}{v_f} + \dfrac{2v_f}{a_f}, & S_{3y} \geqslant \dfrac{v_f^2}{a_f} \\ 2\sqrt{\dfrac{S_{3y}}{a_f}}, & S_{3y} < \dfrac{v_f^2}{a_f} \end{cases}$$

$$t_{ch}^i = t_{3x} + t_{3y}$$

其中，t_{3x} 为四向穿梭车在取货层单次横向运行时间，t_{3y} 为四向穿梭车在取货层单次纵向运行时间。

(5) 倒货时，四向穿梭车从堵塞货位到倒货货位的单次横向运行距离为 S_{4x}：

$$S_{4x} = \begin{cases} |D_d - D_i| \cdot w_2 + |x_d - x_i| \cdot w_1 + 2w_1, & D_d \neq D_i \\ |D_d - D_i| \cdot w_2 + |x_d - x_i| \cdot w_1, & D_d = D_i \end{cases}$$

四向穿梭车从堵塞货位到倒货货位的单次纵向运行距离为 S_{4y}：

$$S_{4y} = \begin{cases} 2w_2 + |y_d + y_i| \cdot l, & D_d \neq D_i \\ |y_d - y_i| \cdot l, & D_d = D_i \end{cases}$$

所以四向穿梭车单次倒货所用的时间 t_d^i：

$$t_{4x} = \begin{cases} \dfrac{S_{4x}}{v_f} + \dfrac{2v_f}{a_f}, & S_{4x} \geqslant \dfrac{v_f^2}{a_f} \\ 2\sqrt{\dfrac{S_{4x}}{a_f}}, & S_{4x} < \dfrac{v_f^2}{a_f} \end{cases}$$

$$t_{4y} = \begin{cases} \dfrac{S_{4y}}{v_f} + \dfrac{2v_f}{a_f}, & S_{4y} \geqslant \dfrac{v_f^2}{a_f} \\ 2\sqrt{\dfrac{S_{4y}}{a_f}}, & S_{4y} < \dfrac{v_f^2}{a_f} \end{cases}$$

$$t_d^i = t_{4x} + t_{4y}$$

其中，t_{4x} 为四向穿梭车在倒货时单次横向运行时间，t_{4y} 为四向穿梭车在倒货时单次纵向运行时间。

(6) 当四向穿梭车完成一次入库任务后停在原位时,如果下一个执行的任务需要跨层,那么四向穿梭车从前一个任务储位到巷道尾的单次横向运行距离为 S_{5x}:

$$S_{5x} = |D_{IO} - D_{i-1}| \cdot (4w_1 + w_2)$$

四向穿梭车从前一个任务储位到巷道尾的单次纵向运行距离为 S_{5y}:

$$S_{5y} = w_2 + (R - y_{i-1}) \cdot l$$

四向穿梭车从前一个任务储位移动到巷道尾的时间为 t_{h3}^i:

$$t_{5x} = \begin{cases} \dfrac{S_{5x}}{v_f} + \dfrac{2v_f}{a_f}, & S_{5x} \geqslant \dfrac{v_f^2}{a_f} \\ 2\sqrt{\dfrac{S_{5x}}{a_f}}, & S_{5x} < \dfrac{v_f^2}{a_f} \end{cases}$$

$$t_{5y} = \begin{cases} \dfrac{S_{5y}}{v_f} + \dfrac{2v_f}{a_f}, & S_{5y} \geqslant \dfrac{v_f^2}{a_f} \\ 2\sqrt{\dfrac{S_{5y}}{a_f}}, & S_{5y} < \dfrac{v_f^2}{a_f} \end{cases}$$

$$t_{h3}^i = t_{5x} + t_{5y}$$

其中,t_{5x} 为四向穿梭车从前一个任务储位到巷道尾的单次横向运行时间,t_{5y} 为四向穿梭车从前一个任务储位到巷道尾的单次纵向运行时间。

(7) 出入库任务所在层 z_i 与第一层的距离为 S_{z1}:

$$S_{z1} = (z_i - l) \cdot h$$

则提升机 1 执行一个任务垂直运动的时间 t_{L1}^i:

$$t_{L1}^i = 2 \begin{cases} \dfrac{S_{z1}}{v_L} + \dfrac{2v_L}{a_L}, & S_{z1} \geqslant \dfrac{v_L^2}{a_L} \\ 2\sqrt{\dfrac{S_{z1}}{a_L}}, & S_{z1} < \dfrac{v_L^2}{a_L} \end{cases}$$

其中,z_i 表示第 i 个任务所在层的编号。

(8) 执行跨层任务时,假设四向穿梭车与空载提升机 2 之间的距离为 S_{z2}:

$$S_{z2} = |z_j - z_L| \cdot h$$

则空载提升机 2 垂直运行到四向穿梭车所在层的时间 t_{L2}^i:

$$t_{L2}^i = \begin{cases} \dfrac{S_{z2}}{v_L} + \dfrac{2v_L}{a_L}, & S_{z2} \geqslant \dfrac{v_L^2}{a_L} \\ 2\sqrt{\dfrac{S_{z2}}{a_L}}, & S_{z2} < \dfrac{v_L^2}{a_L} \end{cases}$$

其中，z_j 是四向穿梭车所在层，z_L 是提升机 2 所在层。

（9）假设四向穿梭车所在层与任务所在层之间的距离为 S_{z3}：

$$S_{z3} = |z_i - z_j| \cdot h$$

则载有四向穿梭车的提升机 2 垂直运动到目标任务所在层的时间 t_{L3}^i：

$$t_{L3}^i = \begin{cases} \dfrac{S_{z3}}{v_L} + \dfrac{2v_L}{a_L}, & S_{z3} \geqslant \dfrac{v_L^2}{a_L} \\ 2\sqrt{\dfrac{S_{z3}}{a_L}}, & S_{z3} < \dfrac{v_L^2}{a_L} \end{cases}$$

（10）定义提升机 1 运输第 $i-1$ 个任务的完成时间 T_{LG}^{i-1}：

$$T_{LG}^{i-1} = \sum_{i=2}^{i-1} t_{L1}^i$$

（11）由于提升机 1 串行运送任务时会出现提升机 1 完成上一任务后，下一任务还未请求提升机 1 的情况，这时提升机 1 就会产生空闲时间，提升机 1 空闲时间 t_{LIT}^i：

$$t_{LIT}^i = \begin{cases} T_i - T_{LG}^{i-1}, & T_i \geqslant T_{LG}^{i-1} \\ 0, & T_i < T_{LG}^{i-1} \end{cases}$$

（12）提升机 1 空闲总时间为 t_{LIT}：

$$t_{LIT} = \sum_{i=1}^{Q} t_{LIT}^i$$

3.4.3 不跨层四向穿梭车模式

不跨层四向穿梭车模式下目标任务层有四向穿梭车，四向穿梭车无需换层执行任务。

情况一：入库任务。

（1）四向穿梭车停留位置为层 I/O 点。四向穿梭车完成一次入库任务的时间包含：①提升机 1 将待入库任务垂直运送至目标层的时间 t_{L1}^i；②四向穿梭车在层 I/O 点装载任务的时间 t_{lu}；③四向穿梭车运载任务水平移动到目标储位的时间 t_{h1}^i；④四向穿梭车在目标储位卸载任务的时间 t_{lu}。

（2）四向穿梭车停留位置为前一入库任务储位。四向穿梭车完成一次入库任务的时间包含：①四向穿梭车等待入库任务到达目标层的时间 t_{sw1}^i；②四向穿梭车水平移动到层 I/O 点的时间 t_{h1}^{i-1}；③重复本情况模式（1）的②至④。

情况二：待出库任务外侧货位没有阻塞任务，出库时无需倒货。

(1) 四向穿梭车停留位置为层 I/O 点。四向穿梭车完成一次出库任务的时间包含：①四向穿梭车从巷道首的层 I/O 点出发运行至目标储位的时间 t_{h1}^i；②四向穿梭车取货所用的时间 t_{lu}；③四向穿梭车从出库任务所在储位出发运行至巷道首的层 I/O 点的时间 t_{h1}^i；④四向穿梭车卸载任务所用的时间 t_{lu}。

(2) 四向穿梭车停留位置为前一入库任务储位。四向穿梭车完成一次出库任务的时间包含：①四向穿梭车从前一个入库任务储位运行至出库任务所在储位的时间 t_{h2}^{i-1}；②重复本情况模式(1)的②至④。

情况三：待出库任务外侧货位有阻塞任务，出库时需要倒货。

(1) 四向穿梭车停留位置为层 I/O 点。四向穿梭车完成一次出库任务的时间包含：①四向穿梭车从巷道首的层 I/O 点运行至目标储位的时间 t_{h1}^i；②四向穿梭车取出堵塞任务所用的时间 t_{lu}；③四向穿梭车的倒货时间 t_d^i；④四向穿梭车卸载堵塞任务所用的时间 t_{lu}；⑤四向穿梭车完成倒货回到目标储位的时间 t_d^i；⑥重复情况二模式(1)的②至④。

(2) 四向穿梭车停留位置为前一入库任务储位。四向穿梭车完成一次出库任务的时间包含：①四向穿梭车从前一个入库任务储位运行至目标储位的时间 t_{h2}^{i-1}；②四向穿梭车取出堵塞任务所用的时间 t_{lu}；③四向穿梭车的倒货时间 t_d^i；④四向穿梭车卸载堵塞任务所用的时间 t_{lu}；⑤四向穿梭车完成倒货回到目标储位的时间 t_d^i；⑥重复情况二模式(1)的②至④。

当四向穿梭车停留位置为前一入库任务储位时，四向穿梭车需要水平移动到层 I/O 点取货。这个过程中，提升机 1 垂直运送入库任务的时间与四向穿梭车水平移动到层 I/O 点的时间是不等的，可能产生四向穿梭车的等待时间 t_{sw1}^i：

$$t_{sw1}^i = \begin{cases} t_{L1}^i + t_{L1}^{i-1} - t_{h1}^{i-1}, & t_{L1}^i + t_{L1}^{i-1} > t_{h1}^{i-1} \\ 0, & t_{L1}^i + t_{L1}^{i-1} \leqslant t_{h1}^{i-1} \end{cases}$$

四向穿梭车完成第 i 个任务的时间为 T_i：

$$T_i = \begin{cases} t_{L1}^i + t_{h1}^i + 2t_{lu} \\ t_{sw1}^i + t_{h1}^{i-1} + t_{L1}^i + t_{h1}^i + 2t_{lu} \\ 2(t_{h1}^i + t_{lu}) \\ t_{h2}^{i-1} + 2(t_{h1}^i + t_{lu}) \\ 2(t_{h1}^i + t_d^i) + 4t_{lu} \\ t_{h2}^{i-1} + t_{h1}^i + 2t_d^i + 4t_{lu} \end{cases}$$

根据最后一个任务是出库任务还是入库任务，设立 0-1 变量 θ：

$$\theta = \begin{cases} 0, & 最后一个任务为出库任务 \\ 1, & 最后一个任务为入库任务 \end{cases}$$

因为任务最终都要经由提升机 1 运送,顺序相邻的任务的并行作业时间不同可能导致提升机 1 空闲,因此总出库时间 $F(T)$ 应为系统执行第一个任务的时间、提升机 1 运输所有任务的时间与提升机 1 的总等待时间之和。综上,以最小出入库总时间 $F(T)$ 为目标函数建立优化模型如下:

$$\min F(T) = \min\left[T_1 + \left(\sum_{i=1}^{Q} t_{\mathrm{L1}}^i\right) + t_{\mathrm{LIT}} + \theta \cdot T_{\mathrm{Q}}\right] \tag{3-2}$$

3.4.4 跨层四向穿梭车模式

跨层四向穿梭车模式下,目标任务层不一定有四向穿梭车,四向穿梭车在执行任务时可能需要从所在层换行到目标层。

如果四向穿梭车与目标任务在同一层,那么四向穿梭车直接按照不跨层四向穿梭车模式执行任务。如果四向穿梭车与待执行任务不在同一层,那么四向穿梭车按照跨层四向穿梭车模式执行任务。

情况一:入库任务。

(1) 四向穿梭车停留位置为层 I/O 点。四向穿梭车完成一次入库任务的时间包含:①四向穿梭车申请提升机 2 换层,从巷道首移动到巷道尾的时间 t_{H};②等待提升机 2 到达的时间 t_{sw2}^i;③提升机 2 装载四向穿梭车的时间 t_{lus};④提升机 2 运送四向穿梭车到目标层的时间 t_{L3}^i;⑤提升机 2 卸载四向穿梭车的时间 t_{lus};⑥四向穿梭车从巷道尾水平移动到巷道口的时间 t_{H};⑦四向穿梭车在巷道口等待提升机 1 运送任务到目标层的时间 t_{sw1}^i;⑧四向穿梭车在层 I/O 点装载任务的时间 t_{lu};⑨四向穿梭车运载任务水平移动到目标储位的时间 t_{h1}^i;⑩四向穿梭车在目标储位卸载任务的时间 t_{lu}。

(2) 四向穿梭车停留位置为前一入库任务储位。四向穿梭车完成一次入库任务的时间包含:①四向穿梭车申请提升机 2 换层,四向穿梭车从前一个任务储位移动到巷道尾的时间 t_{h3}^{i-1};②重复本情况模式(1)的②至⑩。

情况二:待出库任务外侧货位没有阻塞任务,出库时无需倒货。

(1) 四向穿梭车停留位置为层 I/O 点。四向穿梭车完成一次出库任务的时间包含:①四向穿梭车申请提升机 2 换层,从巷道口走到巷道尾的时间 t_{H};②等待提升机 2 到达的时间 t_{sw2}^i;③提升机 2 装载四向穿梭车的时间 t_{lus};④提升机 2 运送四向穿梭车到目标层的时间 t_{L3}^i;⑤提升机 2 卸载四向穿梭车的时间 t_{lus};⑥四向穿梭车从巷道尾水平移动到出库任务储位的时间 t_{ch}^i;⑦四向穿梭车取出出库任务所用的时间 t_{lu};⑧四向穿梭车从出库任务所在储位出发运行至巷道首的层 I/O 点的时

间 t_{h1}^i；⑨四向穿梭车卸载任务所用的时间 t_{lu}。

(2) 四向穿梭车停留位置为前一入库任务储位。四向穿梭车完成一次出库任务的时间包含：①四向穿梭车申请提升机 2 换层，四向穿梭车从前一个任务储位移动到巷道尾的时间 t_{h3}^{i-1}；②重复本情况模式(1)的②至⑨。

情况三：待出库任务外侧货位有阻塞任务，出库时需要倒货。

(1) 四向穿梭车停留位置为层 I/O 点。四向穿梭车完成一次出库任务的时间包含：①四向穿梭车申请提升机 2 换层，从巷道口走到巷道尾的时间 t_H；②等待提升机 2 到达的时间 t_{sw2}^i；③提升机 2 装载四向穿梭车的时间 t_{lus}；④提升机 2 运送四向穿梭车到目标层的时间 t_{L3}^i；⑤提升机 2 卸载四向穿梭车的时间 t_{lus}；⑥四向穿梭车从巷道尾水平移动到出库任务储位的时间 t_{ch}^i；⑦四向穿梭车取出堵塞任务所用的时间 t_{lu}；⑧四向穿梭车倒货的时间 t_d^i；⑨四向穿梭车卸载堵塞任务所用的时间 t_{lu}；⑩四向穿梭车完成倒货回到目标储位的时间 t_d^i；⑪重复情况二模式(1)的步骤⑦至⑨。

(2) 四向穿梭车停留位置为前一入库任务储位。四向穿梭车完成一次出库任务的时间包含：①四向穿梭车申请提升机 2 换层，四向穿梭车从前一个任务储位移动到巷道尾的时间 t_{h3}^{i-1}；②重复本情况模式(1)的②至⑪。

当四向穿梭车与下一任务在不同层时，四向穿梭车需要搭载提升机 2 移动到目标层执行任务。这个过程中，如果提升机 2 的上一个任务未完成，则提升机 2 需要先完成现有任务，由此便产生四向穿梭车等待提升机 2 服务响应时间 t_{sw2}^i：

$$t_{sw2}^i = \begin{cases} t_{L2}^i + t_{L3}^{i-1} - t_H, & t_{L2}^i + t_{L3}^{i-1} > t_H \\ 0, & t_{L2}^i + t_{L3}^{i-1} \leqslant t_H \\ t_{L2}^i + t_{L3}^{i-1} - t_{h3}^{i-1}, & t_{L2}^i + t_{L3}^{i-1} > t_{h3}^{i-1} \\ 0, & t_{L2}^i + t_{L3}^{i-1} \leqslant t_{h3}^{i-1} \end{cases}$$

四向穿梭车完成第 i 个任务的时间为 T_i：

$$T_i = \begin{cases} 2t_H + t_{sw1}^i + t_{sw2}^i + t_{L3}^i + 2t_{lus} + 2t_{h1}^i + 2t_{lu} \\ t_{h3}^{i-1} + t_H + t_{sw1}^i + t_{sw2}^i + t_{L3}^i + 2t_{h1}^i + 2t_{lus} + 2t_{lu} \\ t_H + t_{sw2}^i + t_{L3}^i + 2t_{lus} + t_{ch}^i + t_{h1}^i + 2t_{lu} \\ t_{h3}^{i-1} + t_{sw2}^i + t_{L3}^i + 2t_{lus} + t_{ch}^i + t_{h1}^i + 2t_{lu} \\ t_H + t_{sw2}^i + t_{L3}^i + 2t_{lus} + t_{ch}^i + t_d^i + t_{h1}^i + 4t_{lu} \\ t_{h3}^{i-1} + t_{sw2}^i + t_{L3}^i + 2t_{lus} + t_{ch}^i + t_d^i + t_{h1}^i + 4t_{lu} \end{cases}$$

根据最后一个任务是出库任务还是入库任务，设立 0-1 变量 θ：

$$\theta = \begin{cases} 0, & \text{最后一个任务为出库任务} \\ 1, & \text{最后一个任务为入库任务} \end{cases}$$

因为任务最终都要经由提升机 1 运送,顺序相邻的任务的并行作业时间不同可能导致提升机 1 出现空闲时间,因此总出库时间 $F(T)$ 应为系统执行第一个任务的时间、提升机 1 运输所有任务的时间与提升机 1 的总等待时间之和。综上,以最小出入库总时间 $F(T)$ 为目标函数建立优化模型如下:

$$\min F(T) = \min\left[T_1 + \left(\sum_{i=1}^{Q} t_{L1}^i\right) + t_{LIT} + \theta \cdot T_Q\right] \quad (3\text{-}3)$$

3.5 基于遗传算法的任务排序与货位分配优化

3.5.1 算法设计

根据 3.3 节和 3.4 节提出的模型,使用考虑精英保留策略的遗传算法求解货位分配以及任务排序问题。

1. 染色体编码

对于四向穿梭车货位分配优化问题,采用整数编码的方式,用一个染色体编码代表一批入库任务的一种候选储位分配方案。其中,入库任务的数量决定染色体长度,从未被利用的储位编号中,选择可以满足货位分配原则的储位,分配给入库任务。

对于四向穿梭车任务排序问题,采用顺序编码的方式,用一个染色体的编码代表一批出入库任务的一种可行排序方案。其中,根据批量任务中需要出入库任务的总数决定染色体长度。将批量任务中的出入库任务编号,编号的顺序即为批量任务的排序。

随后,根据设置的初始染色体个数随机生成初始种群,作为遗传算法迭代的起点,继续进行后续操作。

2. 适应度函数

对于四向穿梭车货位分配问题,根据 3.3 节建立的目标函数式(3-1),设定遗传算法的适应度函数 f:

$$f = \frac{1}{\alpha \cdot f'_1 + \beta \cdot f'_2 + \gamma \cdot f'_3} \tag{3-4}$$

对于四向穿梭车任务排序问题,根据 3.4 节建立的目标函数,设定遗传算法的适应度函数 f:

$$f = \frac{1}{T_1 + \left(\sum_{i=1}^{Q} t_{L1}^i\right) + t_{LIT} + \theta \cdot T_Q} \tag{3-5}$$

3. 选择操作

选择是基于个体的适应度评估把优秀的个体直接遗传到下一代。采用轮盘赌选择操作,将每个个体的适应度与总适应度相比,然后按比例抽取下一代,即适应度越高的个体被选择的概率越大。该方法的优点是简单、易实现,但薄弱点在于它容易陷入局部最优解,因此,在轮盘赌选择的基础上,应增加精英保留的选择策略。

4. 交叉操作

交叉重组通过结合交配群体中包含的遗传信息产生新的个体。对于货位分配与任务排序的组合优化问题,因为染色体中每一位的值都是独一无二的,因此采用两点交叉匹配策略,随机选择两个染色体,在两个随机位置对染色体进行交换,从而产生两个新的染色体。交叉点两侧的子串被互换,而交叉点本身及其左右两端没有改变。交叉的部位在基因组的相同位置上,以尽量避免基因重复或丢失。

5. 变异操作

变异操作是一种用于增加算法多样性并避免陷入局部最优解的重要策略。变异操作可使种群基因发生随机改变,从而产生一些新的、未出现在种群中的个体,以避免算法陷入局部最优解,并探索搜索空间的更多区域。本操作在染色体上随机确定两个基因片段并进行互换,得到新一代个体。

6. 算法流程

求解四向穿梭车任务排序与货位优化问题的遗传算法的具体流程如下:

(1) 根据入库任务的个数确定货位分配问题中的染色体长度或根据出入库任务总数确定任务排序优化问题的染色体长度,进行染色体编码;

(2)设定初始种群数量,并产生初始种群,种群中的每条染色体表示一种货位分配或一种任务排序方案;

(3)计算个体适应度值;

(4)使用轮盘赌与精英保留策略相结合的操作选择个体,随之产生下一代种群;

(5)根据设定的交叉概率参数,使用两点交叉匹配策略,随之产生下一代种群;

(6)根据设定的变异概率参数,使用随机换位变异操作,随之产生下一代种群;

(7)在达到预定终止目标时,输出结果。

算法流程如图 3.5 所示。

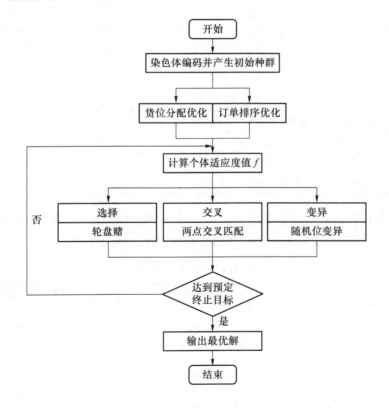

图 3.5　算法流程

3.5.2 仿真实验

1. 实验设置

通过仿真实验进行求解,遗传算法初始种群数量50,迭代次数500,交叉概率0.8,变异概率0.08。

设定四向穿梭车仓储系统内部的层数、列数与排数:$F=6$、$C=10$、$R=12$。主要设备参数如表3.3所示。

表3.3 主要设备参数

设备参数	取值
单个储位长度/m	1.2
单个储位高度/m	1
单个储位宽度/m	1
巷道宽度/m	1
四向穿梭车运行最大速度/(m·s^{-1})	3
提升机运行最大速度/(m·s^{-1})	2
四向穿梭车运行加速度/(m·s^{-2})	1.5
提升机运行加速度/(m·s^{-2})	1
四向穿梭车装/卸载任务花费时间/s	3
提升机装/卸载四向穿梭车花费时间/s	2

某一时间段内批量任务数为20个:10个入库,10个出库。需要入库的任务的信息如表3.4所示,需要出库的任务的坐标如表3.5所示。

表3.4 入库任务信息

入库任务	质量/g	出库频率/(次·单位时间$^{-1}$)
1	1 240	0.003
2	1 800	0.141
3	2 200	0.030
4	2 570	0.056
5	600	0.082
6	140	0.016
7	180	0.199
8	120	0.723

续 表

入库任务	质量/g	出库频率/(次·单位时间$^{-1}$)
9	400	0.072
10	200	0.170

表 3.5 出库任务坐标

任务类别	坐标
出库	[3,6,4]
出库	[9,6,5]
出库	[7,9,4]
出库	[11,7,2]
出库	[10,8,6]
出库	[2,7,1]
出库	[10,6,5]
出库	[11,1,3]
出库	[9,9,6]
出库	[7,5,5]

2. 四向穿梭车货位分配优化仿真结果

入库任务的货位分配结果如表 3.6 所示。

表 3.6 入库任务的货位分配结果

入库任务	坐标
1	[5,7,1]
2	[8,2,2]
3	[4,4,1]
4	[1,2,1]
5	[1,4,1]
6	[9,4,2]
7	[8,2,3]
8	[8,1,4]
9	[4,2,3]
10	[1,5,3]
目标函数值	1.576

由货位分配结果可以看出,考虑到前文提出的任务出入库频率及调度效率原则,对于出库频率较高的入库任务,将其分配在中间货架,尽可能靠近层 I/O 点,如出库频率最高的任务 8 被分配到第 8 列第 1 排,其所在列紧邻层 I/O 点所在的巷道且位于仓储系统的前排;任务 7 被分配到第 8 列第 2 排,其所在列紧邻层 I/O 点所在的巷道且位于仓储系统的前排。与此相对地,针对入库后出库频率较低的任务,优先被分配到距离层 I/O 点较远位置,如出库频率最低的任务 1 被分配到第 5 列第 7 排,其位于仓储系统的后排;任务 6 被分配到第 9 列第 4 排,其不靠近仓储系统的前排。

货位分配完成后,综合表 3.5 和表 3.6 可知,每层的出入库任务总数如下:第一层有 5 个任务,第二层有 3 个任务,第三层有 4 个任务,第四层有 3 个任务,第五层有 3 个任务,第六层有 2 个任务。从结果上可以看出,考虑到本节提到的上述规则,第一层任务数量最多,第六层任务数量最少,每层四向穿梭车的任务数量相对均衡,达到了平衡各层工作量的效果。

综合来看,本节所提出的模型满足了分配原则,且达到了最优目标,货位分配结果具备合理性。

3. 不跨层四向穿梭车模式任务排序仿真结果

批量任务中 10 个入库的任务采用前述四向穿梭车货位分配优化仿真结果,连同出库任务共同构成的批量任务储位坐标如表 3.7 所示。

表 3.7　批量任务储位坐标

任务类别	任务编号	坐标
入库任务	1	[5,7,1]
	2	[8,2,2]
	3	[4,4,1]
	4	[1,2,1]
	5	[1,4,1]
	6	[9,4,2]
	7	[8,2,3]
	8	[8,1,4]
	9	[4,2,3]
	10	[1,5,3]

续表

任务类别	任务编号	坐标
出库任务	11	[3,6,4]
	12	[9,6,5]
	13	[7,9,4]
	14	[11,7,2]
	15	[10,8,6]
	16	[2,7,1]
	17	[10,6,5]
	18	[11,1,3]
	19	[9,9,6]
	20	[7,5,5]

按照前面建立的模型,使用遗传算法求解得到不跨层四向穿梭车模式下的任务分配结果,如表3.8所示。

表3.8 不跨层四向穿梭车模式下的任务分配结果

四向车编号	分配任务编号
1	1,3,4,5,16
2	2,6,14
3	7,9,10,18
4	8,11,13
5	12,17,20
6	15,19

同时,得到这批出入库任务的最优排序方案为:19→8→7→20→10→3→17→9→12→6→14→1→13→15→2→16→4→18→11→5。据此,不跨层四向穿梭车出入库任务执行路径如图3.6所示。图3.6中无标注圆点为第一层I/O点,字母标注圆点为出库任务,五角星为入库任务,直线为四向穿梭车出入库任务执行路径。

任务排序优化后的系统用时为212.305 s,相比未优化系统用时(229.033 s),执行时间减少了7.3%。不跨层四向穿梭车模式下的任务排序结果如表3.9所示。

智慧物流:仓储与配送中的智能算法

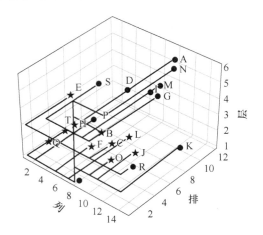

图 3.6 不跨层四向穿梭车出入库任务执行路径

表 3.9 不跨层四向穿梭车模式下的任务排序结果

任务排序	坐标	任务类别
1	[9,9,6]	1
2	[8,1,4]	0
3	[8,2,3]	0
4	[7,5,5]	1
5	[1,5,3]	0
6	[4,4,1]	0
7	[10,6,5]	1
8	[4,2,3]	0
9	[9,6,5]	1
10	[9,4,2]	0
11	[11,7,2]	1
12	[5,7,1]	0
13	[7,9,4]	1
14	[10,8,6]	1
15	[8,2,2]	0
16	[2,7,1]	1
17	[1,2,1]	0
18	[11,1,3]	1
19	[3,6,4]	1
20	[1,4,1]	0
总用时/s		212.305

注:任务类别为1,代表出库;任务类别为0,代表入库。

第3章 仓储货位优化与四向穿梭车任务排序

4. 跨层四向穿梭车模式任务排序仿真结果

跨层四向穿梭车模式能够根据仓储系统需要,灵活改变仓储系统中的四向穿梭车数量,这种模式下四向穿梭车可能会被指派执行与自身不同层的任务,其通过提升机2移动到不同层。实验中设定仓储系统中的四向穿梭车数量为3。

按照前面建立的模型,使用遗传算法求解跨层四向穿梭车模式下的任务分配结果,如表3.10所示。

表3.10 跨层四向穿梭车模式下的任务分配结果

四向穿梭车编号	分配任务编号
1	2,3,8,13,16,20
2	1,6,7,10,11,19
3	4,5,9,12,14,15,17,18

同时,得到这批出入库任务的最优排序方案为:12→11→8→2→6→1→13→18→9→3→7→15→4→19→17→14→16→20→10→5。据此,跨层四向穿梭车出入库任务执行路径如图3.7所示。图3.7中无标注圆点为第一层I/O点,字母标注圆点为出库任务,五角星为入库任务,直线为四向穿梭车出入库任务执行路径。

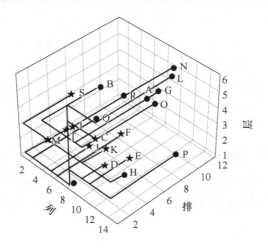

图3.7 跨层四向穿梭车出入库任务执行路径

任务排序优化后的系统用时为228.316 s,相比未优化系统用时(261.863 s),执行时间减少了12.8%,效率提升明显。跨层四向穿梭车模式下的任务排序结果如表3.11所示。

表 3.11 跨层四向穿梭车模式下的任务排序结果

任务排序	坐标	任务类别
1	[9,6,5]	1
2	[3,6,4]	1
3	[8,1,4]	0
4	[8,2,2]	0
5	[9,4,2]	0
6	[5,7,1]	0
7	[7,9,4]	1
8	[11,1,3]	1
9	[4,2,3]	0
10	[4,4,1]	0
11	[8,2,3]	0
12	[10,8,6]	1
13	[1,2,1]	0
14	[9,9,6]	1
15	[10,6,5]	1
16	[11,7,2]	1
17	[2,7,1]	0
18	[7,5,5]	1
19	[1,5,3]	0
20	[1,4,1]	0
总用时/s		228.316

注：任务类别为 1 时，代表出库；任务类别为 2 时，代表入库。

综合以上仿真实验结果，针对批量任务，入库任务的货位分配结果满足分配原则，且不论是不跨层模式还是跨层模式，本章算法都能够获得优化的任务排序方案，四向穿梭车仓储系统的作业效率都有较为明显的提高，且兼顾了能耗小和货位分配均衡的需求。

3.6 本章小结

本章以四向穿梭车仓储系统为主要研究对象，进行货位分配及任务排序优化研究。首先,根据出入库流程以及出入库频率、运输能耗、货位分配均衡等原则建立了货位分配优化模型;考虑四向穿梭车和提升机的速度、取放货时间等因素以及跨层和不跨层模式下四向穿梭车、提升机等设备的作业时间,以任务总时间最小为目标,构建了跨层和不跨层两种模式下的任务排序优化模型;设计了基于保留精英策略的遗传算法,分别用于货位分配和任务排序优化模型的求解。仿真实验结果表明,不同模式下的作业效率均有较为明显的提升。

第 4 章 智能拣选机器人的路径规划算法

4.1 智能拣选机器人作业环境及建模

4.1.1 智能拣选仓储系统

智能拣选仓储系统又称"货到人"分拣系统,主要由三部分组成,即储存系统、输送系统、拣选系统。仓库中布置可移动货架,货架每格摆放可存储不同物品的货箱,自主移动机器人(AMR)穿梭其中,将存放目标货箱的货架运送至相应的拣选站台,工作人员或拣选设备按照系统提示拣选货物。本章对仓储环境建模以及 AMR 路径规划进行研究。

智能拣选仓储系统中的仓储环境主要由三个部分组成:拣选区、货架存储区和 AMR。拣选区一般位于货架存储区之外,特殊情况下会位于货架存储区中间,但此类情况较少,正常情况下一个拣选站台配备一名工作人员,完成对货物的拣选、存放以及对 AMR 下达拣选完成指令等工作。在货架布局方面,有两种主流的摆放方式:一种是两个货架为一组平行摆放并一直延伸至货架区边缘,呈长方形,每组货架之间不留通道,只保留整体的长方形货架间通道;另一类为了方便 AMR 以较小的代价完成作业,以 4 个货架为一组摆放,呈田字形布局,1 个田字形货架组中各货架之间保留通道,通道数量多于传统的仓储布局。智能拣选仓储系统布局如图 4.1 所示,左方为拣选区,带有箭头的白色小方块表示 AMR,每个田字型方块表示 4 个货架为一组的单元。

第 4 章 智能拣选机器人的路径规划算法

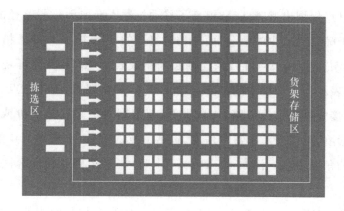

图 4.1 智能拣选仓储系统布局

智能拣选仓储系统中,AMR 作业流程包括:

(1) 系统接收到订单后,根据一定的规则给 AMR 下达任务,AMR 收到任务指令后,确认存放目标货物的任务货架位置,规划行驶路径前往任务货架。

(2) AMR 将任务货架载运至当前排队量最少的拣选站台。

(3) AMR 负载任务货架在相应的拣选站台前按到达的先后顺序排队等待。

(4) 拣选台工作人员从任务货架上拣选订单货物。

(5) 拣选完成后,系统为完成拣选的货架分配一个空货位,AMR 将货架载运至空货位放置,一个订单任务结束,原地等待或开始下一个任务,回到步骤(1)。

相对于需要工作人员前往相应货位拣选货物的"人到货"方式,智能拣选系统中,工作人员无需移动,只需在拣选站台等待 AMR 载运任务货架到来,便可拣选仓库中任意位置的货物,实现了"货到人"的少人工、高效率作业。

4.1.2 智能拣选仓储环境建模

1. 常用建模方法

几何法、拓扑法、栅格法是最为常用的三种仓储环境建模方法。

(1) 几何法运用数学模型描述环境状态,将 AMR 所处环境中的信息抽象成直线、曲线等几何元素,如曹成才等基于几何法对移动机器人路径进行规划时,以几何计算的方法判断机器人与环境中的障碍物是否会产生碰撞,并以此规划出机器人的动态圆周轨迹,最后逐渐退出圆周到达避障路径。该方法结合了避障理论以及几何数学思想规划出避障路径,提高了移动机器人获取无障碍路径的效率,但该方法仅适用于障碍物较少的情况,而在相对复杂的环境中,通常缺乏精确性。

(2) 拓扑法是指用节点和线条连接起来制成表示 AMR 作业环境的拓扑结构图,其中节点表示仓储环境中的特征点或交叉点,如货架点、工作站点、交叉路口点等;节点间连接线可表示为道路、传送带等,权值则表示路径的代价或长度。拓扑法建模直观紧凑,可以表示丰富的信息,包括节点的信息、节点与节点的长度信息、边与边之间的角度信息。例如,Dijkstra、A*、D-STAR 路径搜索算法都采用拓扑法进行建模。

(3) 栅格法又称单元分解法,将仓储环境分成多个相同面积的方格,每个方格都包含布尔型的数据,该方格范围内有障碍物时用 1 表示,该方格范围内无障碍物时用 0 表示。用栅格法建立仓储地图模型,环境信息一目了然,并且方便后期维护。通过栅格法对仓储环境进行建模,可以简单直观地表示环境中的障碍物信息,但对于大型物流仓库而言,当 AMR 数量达到一定数量时,网格的精度难以掌握,运行与维护将占用大量资源,使用代价较高,导致路径搜索效率低下,难以达到大型仓储系统的理想需求。

2. 仓储系统环境地图的构建

为了提高 AMR 的运行效率,本节以 AMR 所在的仓储环境为基础,采用拓扑建模法,针对无负载 AMR 和有负载 AMR 分别构建两类环境地图,以提高环境利用率,降低 AMR 之间冲突的风险,避免无负载 AMR 占用主通道影响作业效率,并提出以下假设:

(1) 相邻节点间的路线只允许一台 AMR 通过,但可双向行驶;

(2) 一个订单只对应一个货架;

(3) AMR 在四个方向上以同一速度匀速行驶,且转向速度固定;

(4) AMR 共有五种状态,即待机状态、有任务待负载状态、有任务有负载状态(前往拣货台)、有任务有负载状态(离开拣货台)、临时等待状态。

第一类拓扑地图,如图 4.2 所示,供无负载 AMR 规划路径时使用,其中虚线和点画线皆可通行,两条主干道内的节点称为大节点,主干道之外的节点称为小节点。小节点之间的路径位于货架下方,仅能通过无负载 AMR,有负载 AMR 无法通过。节点和边构成有向连接网络 $G' = <V' + E'>$,其中,V' 代表网络中节点的集合,E' 代表有向连接网络中边的集合。

第二类拓扑地图供有负载 AMR 规划路径时使用，图 4.3 中虚线为通行路径。该图的节点和边都处于货架外的主干道上，构成有向连接网络 $G=<V+E>$ 中，其中，V 代表网络中节点的集合，E 代表有向连接网络中边的集合。

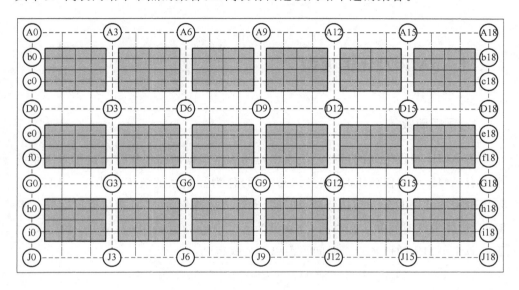

图 4.2　第一类拓扑地图

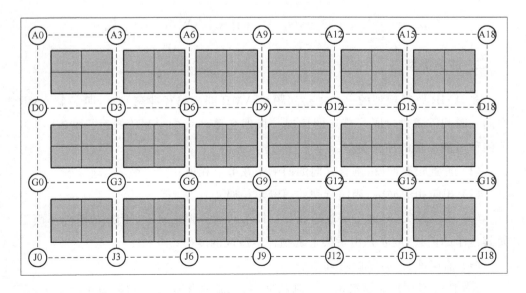

图 4.3　第二类拓扑地图

由上述两类拓扑地图，可得

$$G'>G,\quad V'>V,\quad E'>E$$

4.2 智能拣选机器人建模

4.2.1 AMR 及任务模型

1. 目标函数

多 AMR 路径规划的目的是搜索出时间成本最低的路径集合。这里采用系统中所有 AMR 完成任务用时(任务运行时间)作为衡量系统效率的指标。AMR 在任务过程中的用时分为到达装载点时间、搬运去往拣货台时间、搬运返回存储位置时间、排队等待时间和装卸时间,分别设为 t_k、$CarryG_{t_k}$、$CarryR_{t_R}$、$Wait_{t_k}$ 和 LAU_{t_k}。因此单个 AMR 的任务运行时间可由以下公式得到:

$$Cost_0 = t_0 + CarryG_{t_0} + CarryR_{t_0} + Wait_{t_0} + LAU_{t_0}$$

则所有 AMR 的任务运行时间为

$$Cost_k = \sum_{k=0}^{n}(t_k + CarryG_{t_k} + CarryR_{t_k} + Wait_{t_k} + LAU_{t_k})$$

2. 冲突类型

多 AMR 路径规划的一个主要问题是 AMR 间的路径冲突问题,即多个 AMR 在同一时间需要通过同一节点的情况。根据仓储环境中 AMR 的运行情况,有以下四种可能出现的冲突类型:

(1) 垂直相遇冲突,垂直方向的两辆车在节点相遇;

(2) 相向相遇冲突,相向行驶的两辆车相遇;

(3) 占位冲突(车辆空闲故障或货物掉落),前方因 AMR 空闲或故障停车而阻碍其他车的前进,或者是由货架上货物掉落造成的障碍;

(4) 追尾冲突,后车即将赶超前车。

AMR 静态规划能够避免可预测的冲突,如垂直相遇冲突和相向相遇冲突,利用重新排布时间窗和重新规划路径的策略,或是直接采用等待策略都可以解决这两类冲突。但是智能拣选仓储系统中存在大量运行的 AMR,整个环境是动态复杂的,很多情况无法预测。不可预测冲突是指 AMR 在运行过程中碰到的一些有可能出现但又无法预测的冲突,如空闲占位车辆、故障占位车辆和货架上掉落的货物等都会对 AMR 的运行产生影响甚至造成死锁。例如,占位冲突是无法通过重排时间窗或等待策略解决的,只能将占位冲突所占用的节点周围四条路径设定为障碍物,重新执行规划算法规划新路径。对于追尾冲突,在实际环境中可能会因为货物的轻重不同或是 AMR 传感器损坏而导致此类冲突出现。本章假设 AMR 速度相同,不考虑追尾冲突。

3. 优先级

AMR 在不同的工作状态下,其优先级也不一样。这样,在多个 AMR 需要通过同一节点时可以有序地完成作业任务,避免发生冲突。AMR 的通行优先级设置如下:

(1) 两辆无负载 AMR,通行优先级是小编号 AMR 大于大编号 AMR,如 AMR1 的优先级大于 AMR2;

(2) 一辆无负载 AMR1,一辆有负载 AMR2,通行优先级是有负载 AMR2 大于无负载 AMR1;

(3) 两辆有负载 AMR,其中一辆 AMR1 的目标是前往拣选台待拣选,另一辆 AMR2 的目标是前往空货位放置已被拣选货架,通行优先级是 AMR1 大于 AMR2;

(4) 两辆有负载 AMR,目标均是前往拣选台待拣选,按各自任务的优先级进行区分,任务优先级高的 AMR 通行优先级大于任务优先级低的 AMR;

(5) 两辆有负载 AMR,目标均是前往空货位放置已被拣选货架,按各自任务的优先级进行区分,任务优先级高的 AMR 通行优先级大于任务优先级低的 AMR。

以上涉及的任务优先级在仓储任务中设定。

4. 仓储任务

在进行多 AMR 路径规划时,通过设计通行优先级可保障仓储系统在大部分情况下平稳运行,但通行优先级没有囊括所有可能出现的冲突情况,因此需要利用任务优先级对其进行补充。将一个仓储运输任务定义为

$$Carry_k = \{TP_k, bt_k, S_k, P_k, R_k, TS_k\}$$

其中,TP_k 表示第 k 个任务的优先级,优先级越高的任务 TP_k 值越小,$TP_k=1$ 为高优先级(如 VIP 订单),$TP_k=2$ 为中优先级(一般性任务),$TP_k=3$ 为低优先级(如

充电);bt_k 表示第 k 个任务的开始时间;S_k、P_k、R_k 分别表示第 k 个任务的装载点、拣选点和卸载点;TS_k 表示第 k 个任务的搬运状态,分别用 -1(任务尚未安排车辆)、0(任务即将被执行)、1(任务正在处理中)三个值表示 AMR 当前的状态。

4.2.2 AMR 的时间窗模型

本章的时间窗是指 AMR 从进入某节点到离开该节点的时间段,在这一时间段内,此节点仅允许该 AMR 通过,不允许其他 AMR 通过。在对 AMR 系统进行路径规划时,针对不同状态的 AMR 采用不同的环境地图,采用的行驶策略也不一样,如 AMR 第一阶段路径规划,此时允许无负载 AMR 在货架下方通道行驶,采用第一类环境地图,其节点更多,规划路径可选择的节点也更灵活。

1. 时间窗的定义

在图 4.2 所示的第一类环境地图的有向连接网络 $G'=<V'+E'>$ 中,AMR 经过节点 i 的时间窗口可定义为

$$W_a = \{W_i = [t_i^{in} + t_i^{out}]\}$$

其中,t_i^{in} 表示 AMR 保留节点 i 的时间(AMR 进入节点 i 的时刻),t_i^{out} 表示 AMR 释放节点 i 的时间(AMR 离开节点 i 的时刻),$i \in V'$。第一阶段节点保留时间窗如图 4.4 所示,任务 a 的时间窗可以描述为 $W_a = \{W_1, W_2, W_3, W_4\} = \{[t_1, t_2], [t_3, t_4], [t_5, t_6], [t_7, t_8]\}$,分别通过节点 A9、a8、a7、A6、b6、c6、D6、e6、f6、G6,共 4 个大节点、6 个小节点。在任意时刻,只要这 10 个节点被保留,就不允许其他无负载 AMR 进入该节点,可避免无负载 AMR 之间发生冲突。对于有负载 AMR 之间发生冲突的情况,后文再进行叙述。

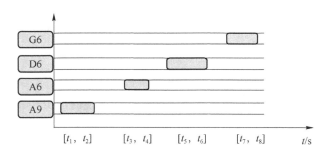

图 4.4 第一阶段节点保留时间窗

同理,在图 4.3 所示的第二类环境地图的有向连接网络 $G=<V+E>$ 中,设立一个第二阶段节点保留时间窗,如图 4.5 所示。任务 b 的时间窗可以描述为 $W_b=\{W_1,W_2,W_3,W_4\}=\{[t_1,t_2],[t_3,t_4],[t_5,t_6],[t_7,t_8]\}$,分别通过 D0、D3、D6、D9 这 4 个大节点,此时只要这四个节点被保留,就不允许其他有负载 AMR 进入该节点。

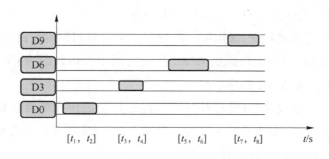

图 4.5　第二阶段节点保留时间窗

2. 时间窗的计算

前文定义了节点时间窗,并阐述了如何利用节点时间窗避免单一状态下 AMR 之间的冲突,但要实现精确的时间窗排布,还需要对节点时间窗进行计算。本章为计算时间窗做出以下假设:

(1) AMR 在直线行驶和转弯行驶时都做匀速运动,速度大小为 v_t;

(2) 各台 AMR 车身长度一致,均为 0.4 m;

(3) AMR 在各节点的通过时间为 t_p。

设 AMR 到达节点 i 的时间为 t_i,则有

$$t_i^{in}=t_i$$

已知 AMR 的车身长度(为 0.4)与 AMR 的运行速度(为 v_t),当 AMR 通过节点时,则有

$$t_i^{out}=t_i+\frac{0.4}{v_t}$$

得到 AMR 在各节点的通过时间

$$t_p=t_i^{out}-t_i^{in}=\frac{0.4}{v_t}$$

静态规划是指在仓储任务下发至 AMR 后,就结合节点时间窗进行路径规划,规避可预测冲突。静态规划的单个 AMR 路径无需考虑冲突问题,但当对多 AMR

进行路径规划时就需要考虑冲突的问题。

多 AMR 路径规划需加入两阶段节点时间窗以消除冲突。该类冲突称为可预测冲突,可在路径规划阶段由重叠时间窗发现,可以通过低优先级任务重新规划路线等策略来解决。时间窗具体应用步骤如下。

(1) 待机状态:仓储管理系统下发任务,将 AMR 到装货点的距离作为任务分配标准,离装货点最近的无任务 AMR 获取任务。

(2) 有任务无负载状态:采用第一阶段节点保留时间窗进行路径规划,当出现节点时间窗重叠时,设定无负载的 AMR 优先级低于有负载的 AMR,重新规划次优路径,直至无负载 AMR 到达装载点。

(3) 有任务有负载状态(前往拣货台):需采用第二阶段节点保留时间窗进行路径规划,当节点时间窗重叠且同时为负载状态时,设定任务的紧急程度高或任务优先级大的负载 AMR 优先通过。

(4) 有任务有负载状态(离开拣货台):此时 AMR 已到达拣货台且被拣货完毕,需要寻找空位放置货架,采用第二阶段节点保留时间窗进行路径规划,当节点时间窗重叠且同时为负载状态时,设定未被拣选的 AMR 优先级高于已被拣选的 AMR;均已被拣选的两辆 AMR 中,所载货物被拣选频率大的优先于所载货物被拣选频率小的。

(5) 待机状态:放置货架后,AMR 回到待机状态,如有任务则继续执行步骤(2),如无任务则原地待机。

3. 时间窗冲突的解决方法

前文分别对无负载 AMR 和有负载 AMR 的节点保留时间窗进行了定义与描述,目的是避免同类任务状态 AMR 之间,即无负载 AMR 之间或有负载 AMR 之间的冲突问题,但没有考虑无负载 AMR 与有负载 AMR 两者之间的冲突问题。下面便对这一情况进行分析。

不含时间窗的路径节点冲突如图 4.6 所示。无负载 AMR 设为 AMR1,从节点 A9 到 G6 的行驶路径用深色粗箭头表示:

$$AMR1:A9 \to a8 \to a7 \to A6 \to b6 \to c6 \to D6 \to e6 \to f6 \to G6$$

有负载 AMR 设为 AMR2,从节点 D0 到 D9 的行驶路径用灰色粗箭头表示:

$$AMR2 = D0 \to D3 \to D6 \to D9$$

因此,两辆 AMR 在节点 D6 处发生垂直冲突,两车运行的时间窗出现重叠。两种状态的 AMR 重叠时间窗如图 4.7 所示。

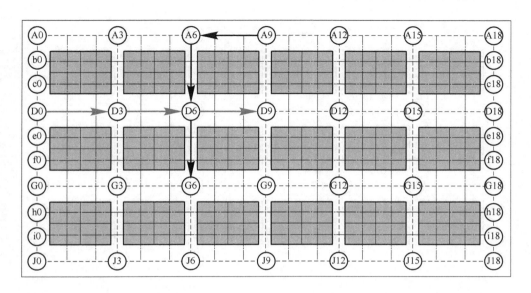

图 4.6 不含时间窗的路径节点冲突

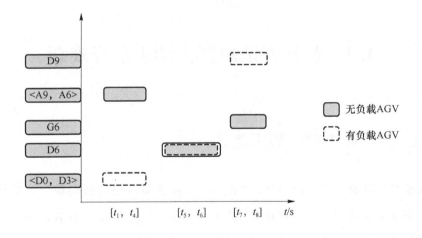

图 4.7 两种状态的 AMR 重叠时间窗

由优先级设计可知，无负载 AMR 的优先级低于有负载 AMR，因此无负载 AMR 利用第一类拓扑地图重新规划路径重排时间窗，将原来行进的路径节点优化为

$$AMR1' = A9 \to a8 \to a7 \to b7 \to c7 \to d7 \to e7 \to f7 \to g7 \to G6$$

原有通过节点数共 10 个，优化后行进路径通过的节点数不变，既避免冲突碰撞，又无需等待，使 AMR 不间断运行，如图 4.8 中的黑色粗箭头所示。

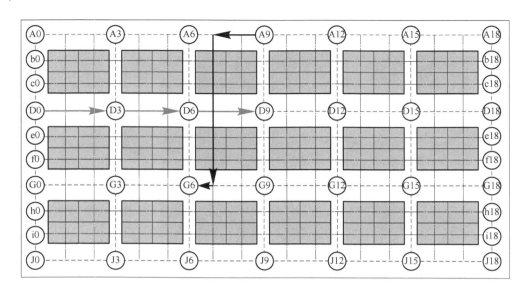

图 4.8　含时间窗的路径节点优化

4.3　智能拣选机器人动态路径规划

4.3.1　A*算法求解最短路径

在智慧物流系统中，A*算法常常用于解决各类路径规划问题。本节将通过示例来演示如何利用A*算法进行AMR路径规划，用OPEN列表记录当前访问节点的相邻节点，用CLOSE列表记录已访问过的节点。本示例中的AMR只做四向运动，$h(n)$为基于曼哈顿距离的启发函数，路径规划步骤如图4.9所示。在每一步中，当前CLOSE列表节点用三线边框方格表示；OPEN列表节点用黑色粗边框方格表示；方格中的箭头表示上一步的移动方向；深色方格表示障碍物和边界；位于每一个列表中三个数字分别代表不同的估计代价值——$f(n)$位于左上角，$g(n)$位于左下角，$h(n)$位于右下角。设相邻方格的步数为1，$g(n)$表示从起始点B点到当前方格的步数；$h(n)$是从当前位置到目标位置T点的步数估计值，此估计值离真实值越近，规划出的路径越准确。

|第 4 章| 智能拣选机器人的路径规划算法

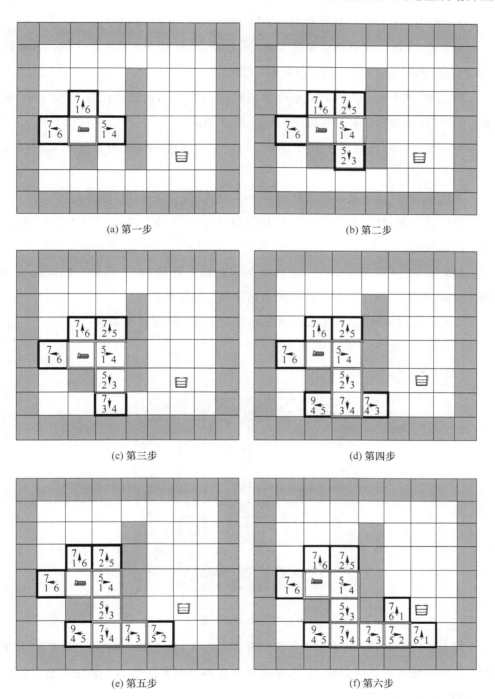

图 4.9 路径规划步骤

AMR 去往目标点的路径规划步骤如下。

第一步,在起始位置搜索邻接方格,并计算出前往相邻方格所产生的代价函数 $f(n)$ 的值,同时将这些方格放入 OPEN 列表。

第二步,其中一个方格的最小代价函数($f(n)=5$),将该方格放入 CLOSE 列表,然后继续搜索并计算相邻方格的代价函数 $f(n)$。

第三步,同理,选取最小代价函数($f(n)=5$)的方格,接着重复之前的搜索步骤。

第四步,代价函数最小的方格 $f(n)=7$,放入 CLOSE 列表,继续执行。

第五步,OPEN 表中只有一个代价函数 $f(n)=7$ 的方格,放入 CLOSE 列表,然后继续执行。

第六步,存在两条前往目标位置点 T 点的最佳路径,因为最终目标点代价函数 $f(n)$ 都等于 7,所以此时无论选哪条路径都是最优的。

在完成上述六步后,两条最优路径如图 4.10 所示,可以表示为

(1) 1→2→3→4→5→6;

(2) 1→2→3→4→5→7。

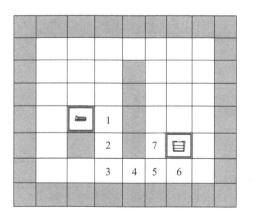

图 4.10 两条最优路径

第七步,将 OPEN 列表中的目标位置方格放入 CLOSE 列表。CLOSE 列表中的元素由三线边框方格组成,把三线边框方格连接起来就是 A*算法规划出的最优路径,如图 4.11 所示。

| 第 4 章 | 智能拣选机器人的路径规划算法

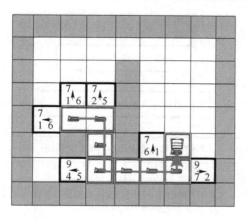

图 4.11　A ∗ 算法规划出的最优路径

4.3.2　AMR 路径规划算法

前文已经完成仓储任务模型、优先级设计、时间窗应用,以及 A ∗ 算法和动态规划的策略,下面对 AMR 路径规划算法的具体实现步骤进行介绍。AMR 路径规划算法流程图如图 4.12 所示。

（1）设立多个运输任务,并对任务进行优先级标定,$Carry_k = \{TP_k, bt_k, S_k, P_k, R_k, et_k, TS_k\}$。

（2）基于每个 AMR 都不能空闲的设定派发任务,并按照任务等待时间最短原则（优先选离装载点最近的空闲 AMR;如无空闲 AMR,则选择卸货点离装载点最近的有负载待卸货 AMR）给 AMR 派发任务。

（3）无负载 AMR 采用第一类拓扑地图,同时应用 A ∗ 算法进行路径规划,获得临时的最短行驶路径;如为有负载车辆,则在第二类拓扑地图中搜索最短路径。

（4）计算出无负载 AMR 到达每个路径节点的时间 t_i',然后根据时间窗计算公式计算出该 AMR 进入节点 i' 的时间 $t_i^{in'}$ 和离开节点 i' 的时间 $t_i^{out'}$,$i \in V'$;同理,有负载 AMR 的时间窗计算方法与无负载 AMR 一致,计算出其到达每个路径节点的时间 t_i,然后根据时间窗计算公式计算出该 AMR 进入节点 i 的时间 t_i^{in} 和离开节点 i 的时间 t_i^{out},$i \in V$。

（5）初始化节点时间窗 W_i,对于单纯的无负载 AMR 之间和有负载 AMR 之间,如果存在任务 p 和 q 使 $W_p \cap W_q \neq \Phi$,则说明出现重叠节点时间窗,即在某个保留时间窗内会出现其他车辆,发生冲突;对于无负载 AMR 的节点时间窗 W_i 与有负载 AMR 的节点时间窗 W_j 之间,如时间窗 $W_i \cap W_j \neq \Phi$,同样说明节点时间窗出现重叠现象。

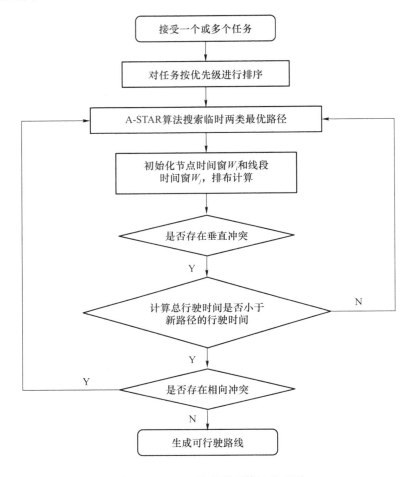

图 4.12 AMR 路径规划算法流程图

（6）根据重叠时间窗和两类拓扑地图确定将会发生哪种节点冲突，然后对相应节点的时间窗加锁。对于单纯的无负载 AMR 之间和有负载 AMR 之间，如果存在垂直相遇冲突，那么对携带低优先级任务的 AMR 重新规划路径，如果重新规划的路径行驶时间大于原地等待一个节点时间窗的时间后的行驶总时间，则其原地等待直到重叠窗口消失，否则按重新规划的路径行驶；如果存在相向相遇冲突，则选择 TP_k 较大的任务重排时间窗；如果两种冲突都存在，则先按照垂直相遇冲突处理。无负载 AMR 与有负载 AMR 之间只存在垂直相遇冲突，如果无负载 AMR 原地等待一个节点时间窗的时间后的行驶总时间小于重新规划路径后的行驶时间，则其原地等待直到重叠窗口消失。如果出现等待后的行驶总时间和重新规划后行驶时间相同的情况，则基于保持持续运行、减少加速或减速状态的目的，按新路径行驶。

（7）最终生成可行驶路线。AMR 执行完任务后,由于该 AMR 可能会造成占位冲突,所以要优先派发任务给该 AMR。该 AMR 回到步骤(1)等待系统分配新任务。

4.3.3 AMR 路径规划仿真实验

1. 仿真实体参数

智能拣选仓储环境中的主要实体有货架、AMR、拣货台,其中仓库、货架、AMR 的尺寸如表 4.1 所示。

表 4.1 仓储环境实体尺寸

类型	长/m	宽/m	高/m
仓库	10.5	8.5	5
货架	0.5	0.5	1.5
AMR	0.4	0.2	0.15

结合实际仓储环境情况,设置 4 个货架为一组,构成田字形布局,货架组排成 5 行 6 列,共 120 个货架。搭建完框架后,整个仓库的货架布局如图 4.13 所示。模型中的其他实体参数有：

（1）AMR 运行速度,为 0.5 m/s；

（2）AMR 装卸货架时间,为 1 s；

（3）拣货台工作人员拣选完一个货架的时间,为 5 s。

图 4.13 整个仓库的货架布局

2. 算例规模

拣选台的数量分别为 3、4、5 个，AMR 的数量分别为 9、12、15 个，随机生成货架任务 50 个与 100 个，任务执行时间定为直到完成所有任务以及只执行 5 分钟的任务时间。建立一个任务随机分配模块，将任务货架随机分配给各个 AMR，AMR 收到任务指令后便规划路径前往目标货架，接着载运任务货架前往相应的拣选台，工作人员拣选完成后，给 AMR 随机分配一个空货位放置拣选完的货架。

在货架规模不变的情况下，从 AMR、拣选台、任务数和任务执行时间四个方面，设计 15 种不同的组合方案进行仿真实验。输出结果包括 AMR 完成所有任务总时间、各 AMR 利用率、空闲率、各 AMR 到达装载点总时间、搬运去往拣选台总时间、搬运返回存储位置总时间、排队等待总时间。具体如下：

（1）调整 AMR 的数量，获取不同数量 AMR 下的实验数据；

（2）调整拣选台的数量，获取不同数量拣选台下的实验数据；

（3）调整任务执行时间，在获取上述数据的同时，还需获取此单位时间内的任务完成数量；

（4）调整任务数，随着任务数的增加或减少，在获取上述数据的同时，检验仓储系统是否会因任务数的变化而发生拥塞。

各实验方案的实体数量和任务设置如表 4.2 所示。

表 4.2 各实验方案的实体数量和任务设置

实验编号	AMR/台	拣货台/个	任务数/个	任务执行时间/min
1	9	4	100	∞
2	9	4	100	5
3	9	4	50	∞
4	12	3	100	∞
5	12	3	100	5
6	12	3	50	∞
7	12	4	100	∞
8	12	4	100	5
9	12	4	50	∞
10	12	5	100	∞

续 表

实验编号	AMR/台	拣货台/个	任务数/个	任务执行时间/min
11	12	5	100	5
12	12	5	50	∞
13	15	4	100	∞
14	15	4	100	5
15	15	4	50	∞

注:表中的∞符号表示执行完所有任务所花费的总时间不受限制。

3. 模型构建

结合某电商平台智慧仓的试运行区实际工作情况,参照其规模比例建立仿真实体模型,进行连线、参数设置,分别对优化前后的AMR系统能力进行仿真。

(1) 不带时间窗的AMR路径规划策略

对AMR进行路径规划时,无论ARM是处于无负载状态还是有负载状态,均只采用第二类拓扑地图进行规划,只能在货架间及货架两端通道行进,如发生冲突,则根据优先级按顺序通过。作业任务根据AMR自身状态进行下达,只有在每台AMR完成一个任务后,系统才会给其分配下一个作业任务;正在执行任务的AMR不接受其他任务分配,直至任务结束。

(2) 带时间窗的AMR路径规划策略

保证在规定时间内完成作业任务的前提下,路径规划策略以AMR系统作业总时间最短为目标。接到任务后,若此时的AMR都处于无负载状态,则结合节点时间窗应用第一类拓扑地图进行路径预规划,此时AMR可以走货架下方通道,若出现冲突,则直接重排任务优先级或车辆优先级低的AMR节点时间窗;若此时有的AMR处于无负载状态,有的AMR处于负载状态,则分别应用第一类拓扑地图和第二类拓扑地图进行路径规划,若出现冲突且无负载AMR优先级低于有负载AMR,则无负载AMR重排时间窗;若此时的AMR都处于负载状态,则都应用第二类拓扑地图进行路径规划,出现冲突便设定去往拣选台的AMR优先级大于去往空货位的AMR,从而重排时间窗避碰。

仓储环境仿真模型如图4.14所示,整个环境依据不同的功能划分为三个区域,从右到左分别是AMR充电区、货架区和拣货区。

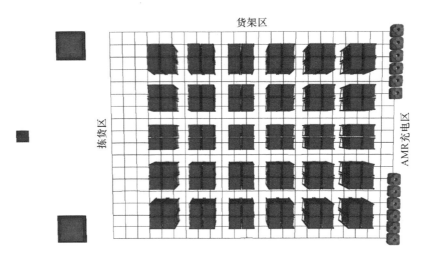

图 4.14 仓储环境仿真模型

4. 仿真实验结果

(1) 仿真实验

本节通过 6 组实验对比优化前后各台 AMR 的运行结果,获取任务完成数量 tasks、到达装载点时间 t_k、搬运去往拣货台时间 $CarryG_{t_k}$、搬运返回存储位置时间 $CarryR_k$、排队等待时间 $Wait_{t_k}$ 和装卸时间 LAU_{t_k},并计算任务完成总时间。

① 实验 1

分别采用 9、12、15 台 AMR,4 个拣选台,100 个随机任务进行仿真实验。不同 AMR 数量下的实验结果如表 4.3 所示,括号外数字为优化前的仿真实验结果,括号内数字为优化后的仿真实验结果。

表 4.3 不同 AMR 数量下的实验结果

AMR 数量/台	$Cost_k$/s	$Wait_{t_k}$/s	tasks/个
9	482(480)	43(35)	100
12	420(398)	62(56)	100
15	466(445)	77(82)	100

② 实验 2

分别采用 9、12、15 台 AMR,4 个拣选台,50 个随机任务进行仿真实验。缩小任务数下不同 AMR 数量实验结果如表 4.4 所示,括号外内数字分别是优化前后的实验结果。

表 4.4 缩小任务数下不同 AMR 数量实验结果

AMR 数量/台	Cost_{t_k}/s	Wait_{t_k}/s	tasks/个
9	246(240)	22(19)	50
12	215(199)	32(28)	50
15	238(228)	40(42)	50

③ 实验 3

分别采用 9、12、15 台 AMR,4 个拣选台,100 个随机任务进行仿真实验,任务执行时间设为 5 分钟。单位时间内不同 AMR 数量实验结果如表 4.5 所示,括号外内数字分别是优化前后的实验结果。

表 4.5 单位时间内不同 AMR 数量实验结果

AMR 数量/台	Cost_{t_k}/s	Wait_{t_k}/s	tasks/个
9	300	31(26)	58(63)
12	300	39(30)	69(72)
15	300	45(44)	67(69)

④ 实验 4

采用 12 台 AMR,分别设置 3、4、5 个拣选台,100 个随机任务进行仿真实验,实验结果如表 4.6 所示,括号外内数字分别是优化前后的实验结果。

表 4.6 不同拣选台数量下的实验结果

拣选台数量/个	Cost_{t_k}/s	Wait_{t_k}/s	tasks/个
3	503(489)	110(102)	100
4	420(398)	62(56)	100
5	410(392)	55(51)	100

⑤ 实验 5

采用 12 台 AMR,分别设置 3、4、5 个拣选台,50 个随机任务进行仿真实验,实验结果如表 4.7 所示,括号外内的数字分别是优化前后的实验结果。

表 4.7 缩小任务数下不同拣选台数量实验结果

拣选台数量/个	Cost_{t_k}/s	Wait_{t_k}/s	tasks/个
3	261(253)	59(51)	50
4	233(228)	32(30)	50
5	225(221)	28(21)	50

⑥ 实验6

采用12台AMR,分别设置3、4、5个拣选台,100个随机任务进行仿真实验,任务执行时间设为5分钟,实验结果如表4.8所示,括号外内的数字分别是优化前后的实验结果。

表4.8 单位时间内不同拣选台数量的实验结果

拣选台数量/个	$Cost_k$/s	$Wait_{t_k}$/s	tasks/个
3	300	51(46)	60(62)
4	300	39(38)	69(72)
5	300	37(40)	68(73)

(2)实验结果分析

① AMR数量对实验结果的影响

通过以上实验数据发现,在拣选台数量为4个的情况下,12台以下的AMR冲突情况较少,优化后的效果不明显,与优化前的任务完成总时间相近;对于采用12台AMR及15台AMR的情况,优化后效率分别提升了5.5%及4.7%,如图4.15所示。

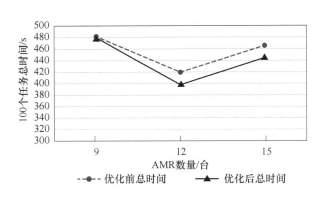

图4.15 不同AMR数量时的任务完成时间对比

② 任务数对实验结果的影响

如图4.16所示,在减少任务数的情况下,任务完成效率的变化趋势与图4.15所示基本一致,说明该模型的任务效率与AMR数量有关,而与任务数量的关系不明显。

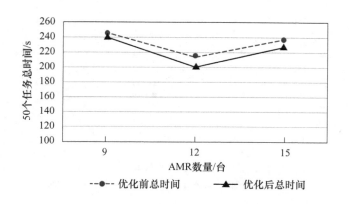

图 4.16 任务数减少后不同 AMR 数量的任务完成时间对比

③ 单位时间内任务完成情况

如图 4.17 所示,单位时间内,任务完成数起初随着 AMR 数量的变化而增大,但当 AMR 数量达到 15 台时,任务完成量反而下降了。一个原因就是 AMR 数量超出仓储环境容纳限制后会造成各条道路经常处于繁忙状态,使得排队情况增加,因此任务完成量减少。

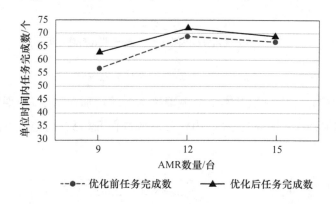

图 4.17 AMR 数量对单位时间内任务完成数的影响

④ 拣选台数量对实验结果的影响

在 AMR 数量为 12 台的情况下,任务完成时间随着拣选台数量的增加而减少,拣选台数量从 3 变化到 4 时,AMR 可去往的目标增多,大大减少了在拣选台前的排队时间,导致任务完成时间减少得非常明显,但拣选台数量从 4 个增加到 5 个时,任务完成时间减少得较少,效果不显著,如图 4.18 所示。

从图 4.19 来看,在减少任务数的情况下,任务完成时间变化趋势与图 4.18 基本一致,且与设定 AMR 为变量并缩小任务量后的结果大致相当。

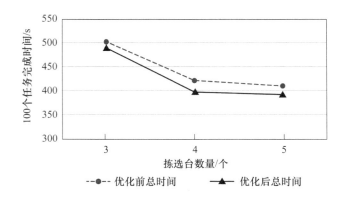

图 4.18　不同拣选台数量对 100 个任务完成时间的影响

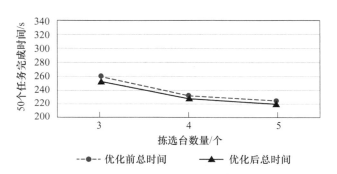

图 4.19　不同拣选台数量对 50 个任务完成时间的影响

单位时间内任务完成数基本上会随着拣选台的增加而增加，初期增加得快，当拣选台数量增加到 5 个时，单位时间内任务完成数便开始放缓，趋于稳定，如图 4.20 所示。

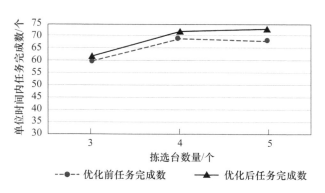

图 4.20　拣选台数量对单位时间内任务完成数的影响

综合以上对不带时间窗和带时间窗的路径规划方案优化前后实验结果的分

析，可以看出本章的方法对优化仓储系统中 AMR 的路径选择并减少任务完成总时间具有一定的效果，且不存在导致拥塞的情况。在当前建立的仿真环境下，采用 12 台 AMR、4 个拣选台以及 12 台 AMR、5 个拣选台这两种实验方案的任务完成时间最少、单位时间内任务完成数最多。虽然第二种方案较第一种方案的效率略高，但考虑到现实情况下多增加一个拣选台的成本较大，因此结合成本的考量，在该仓储环境中，12 台 AMR、4 个拣选台为最佳实体数配比。

4.4 本章小结

AMR 的路径规划算法是保障"货到人"智能拣选系统平稳、高效、安全运行的关键。本章提出了基于两阶段节点时间窗的仓储系统 AMR 路径规划策略，并进行了贴近实际仓库情况的仿真实验，仿真实验验证了该路径规划策略和算法的有效性，并能够获得合理的 AMR、拣选台数量配置方案。

第 5 章

需求可拆分的配送路径规划

本章将在需求可拆分车辆路径模型的基础上,引入车辆满载约束和时间窗约束,以最短路径和最小化配送成本为目标,探寻不同客户点规模下的拆分策略,并使用改进粒子群算法对问题进行求解。

5.1 需求可拆分路径规划(SDVRP)概述

5.1.1 SDVRP 问题

传统的车辆路径规划问题是在不允许车辆超载的前提下,假设每个需求点的需求都有且只由一辆车在一次配送中完成,即在不拆分需求的情况下进行研究。但实际应用中,存在需求点的需求量较大并且超过配送车辆的载货量的情况。若要求每个需求点只能由一辆车来配送,那么可能会使该客户点的需求得不到满足,也可能会使配送路程和配送时间变长、配送车辆数增加,从而造成运输资源的浪费。

针对需求量大于车辆载货量的情况,利用拆分配送的方式对各需求点进行分批多次的配送,这样不仅可以满足各点的配送需求,也可以充分利用车辆的装载能力,有效提升车辆的装载率,还有可能规划出更优的路径,减少总配送路程和车辆使用数量,从而降低整个配送环节中的成本。但是在实际应用中,拆分配送可能会带来一定的时间成本,所以将时间窗纳入需求可拆分路径规划问题,具有很强的现

第 5 章 需求可拆分的配送路径规划

实意义和研究价值。

需求可拆分的车辆路径规划问题最先由 Dror 和 Tmdeau 在 1989 年提出,他们在研究中指出 SDVRP 和 VRP 最主要的区别在于 SDVRP 忽略了每个客户点的需求只能被一辆车在一次服务中满足的约束条件。SDVRP 允许拆分客户点的需求,并由多辆车来配送,车辆的配送路线将会有更多的方案,车辆的装载能力也能得到有效的利用,降低了车辆的使用数。

以下通过示例更加直观地展示 SDVRP 与 VRP 的差异:在一个包含 4 个节点的路径规划问题中,O 为配送中心,A、B、C 为三个客户点,且三个客户点分别对应 5、6、7 的需求量,配送中心每辆车的最大载货量为 9,各客户点的信息以及每条路径的成本如图 5.1 所示。

如果按照 VRP 的限制,所有客户点的需求必须由一辆车在一次配送中满足,因此需要使用 3 辆车分别装载三个客户点的货物分别配送,则总行驶成本为 24,配送路径如图 5.2 所示。如果允许对客户点的需求进行拆分,把 B 客户点的需求拆分为 4 和 2,由 2 辆车进行配送,第一辆装载 A 点货物量 5 和 B 点货物量 4,第二辆装载 C 点货物量 7 和 B 点货物量 2,则总行驶成本为 19,配送路径如图 5.3 所示。从此例可以看出,SDVRP 可以在车辆的行驶路程和车辆的使用数上对 VRP 进行有效的优化,能够达到降低成本的目的。

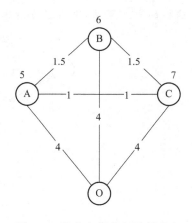

图 5.1 客户点信息和路径成本

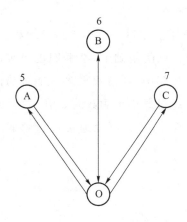

图 5.2 VRP 优化解

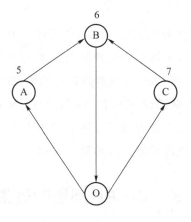

图 5.3 SDVRP 优化解

5.1.2 SDVRP 可行解的基本特征

SDVRP 可行解的特性是研究该领域问题的关键。Dror 等针对该类问题的可行解特征进行了研究,得出了 SDVRP 可行解的两个特性,提出并验证了 k-split cycle。

定理 5.1:若 SDVRP 存在可行解,且在问题中需求点与需求点之间的距离满足三角不等式,那么在该问题的可行解中任意两条路线最多存在一个公共点。

推论 5.1:在 SDVRP 可行解中,不存在 k-split cycle。

k-split cycle 是指,在 n 个需求点的 SDVRP 中,对于其中的 k 个需求点($k \leqslant n$),有 k 条路径,其中路径 r_j 包括需求点 i_j 和 i_{j+1},路径 r_k 包括需求点 i_k 和需求点 i_1,若存在这样的点边联系,则存在 k-split cycle。图 5.4 为 3-split cycle 图。

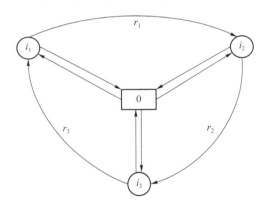

图 5.4　3-split cycle 图

推论 5.2:在 SDVRP 可行解中,被拆分的需求点数目一定小于路径的数目。

以上两个推论都是由定理 5.1 引申过来的。在此基础上,学者们进一步研究得出 SDVRP 可行解的补充特性:在 SDVRP 可行解中,任意弧最多只能被访问一次;在非满载 SDVRP 问题中可行解的车辆数不超过最小车辆数的 2 倍。

以上结论成了判断 SDVRP 可行解的基本条件,并且可以通过可行解的检验推出使用的算法是否存在漏洞。

5.1.3 SDVRP 问题的衍生类型

在车辆路径问题的研究当中,根据实际情况和应用的侧重点不同,在原有模型的基础上,增加或减少相关的约束条件,衍生出了多种类型的 SDVRP 问题,主要有以下几种。

(1) 带集送货限制的 SDVRP

随着快递配送业务的发展,越来越多的客户不仅仅有收货的需求,还有发货需求,这就可能导致在同一时间内实际需求量超过车辆最大载货量的情况发生,所以带集送货限制的 SDVRP 问题也成了研究的热点。

(2) 带时间窗限制的 SDVRP

随着客户对配送服务质量的要求日益增长,客户满意度成了评价物流配送服务效果的重要指标。除了货物的质量、包装等因素影响客户的满意度,是否能在规定时间内进行送货也成了一个重要评价因素。带时间窗的车辆路径问题,意味着货物必须在规定的时间范围内送达,如果车辆早于或者晚于预定时间段到达客户点,就会受到一定的惩罚。

(3) 绿色 SDVRP

针对节能减排政策,考虑碳排放的绿色车辆路径规划问题成了当前研究的热点问题之一。学者们考虑低碳环境下的需求可拆分车辆路径问题,建立了以使用车辆数最小、配送路径最短、配送成本最小为目标的数学模型,限制了车辆行驶油耗,提高了车辆装载率,降低了车辆使用数,从而达到节能减排的效果。随着新能源配送车辆的投入使用,该类问题的研究又进入了新的领域。

(4) 其他衍生问题

除了以上的 3 种衍生类型,学者们在多车场、多车型、客户需求拆分方式、开放式配送以及 SDVRP 求解算法等方面,也开展了相应的研究。SDVRP 在生活中也存在着很多应用,如应急物资的配送、海上运输的调度、无人机的少量多次的运送等问题,都可以通过 SDVRP 来寻找最佳路径和配送方案。

5.2 SDVRP 模型构建

5.2.1 基本假设

本章考虑满载情况下的需求可拆分车辆路径规划问题,其中"满载"是指配送车辆以最大装载量状态从配送中心出发,并且在配送过程中最多只有一辆车没有达到车辆的最大装载量。

SDVRP问题可以简单描述为：某配送中心在某时刻接到了若干客户的需求订单，车辆满载状态从配送中心出发，到客户点进行卸货，直到车辆空载返回。配送车辆车型相同，容量固定且已知，当客户的需求量大于车辆的剩余装载量时，需要将该客户点的需求进行拆分配送，该客户点则会被配送车辆多次访问。车辆在完成配送任务后，空载回到配送中心，使得配送完所有客户点的车辆总行驶路程最短（或运输成本最少）。

根据SDVRP问题描述给出以下假设：

① 配送中心位置已知，在SDVRP模型中，配送中心对车辆的出发和返回时间无限制，有足够多的车辆；

② 配送车辆类型完全相同，装载量固定且已知，满足车辆满载限制，每辆车满载从配送中心出发最后空载返回；

③ 客户点的数量、位置以及需求量已知，所有客户之间、客户与配送中心之间均存在可连通道路（本书以欧氏距离进行计算），客户点的货物能被混合装载和随机拆分，拆分配送可能发生在任意一个客户点上；

④ 每个客户点的需求可以由多辆车（或一车多次）进行满足。

⑤ 任意三个客户点之间的距离满足三角不等式，且两个客户点之间的距离是对称的，即 $d_{ij}=d_{ji}$；

⑥ 每辆车每次运送的总货物量不超过车辆最大装载量；

⑦ 每辆车每次的配送距离不超过车辆一次配送的最远行驶距离。

5.2.2 模型构建

SDVRP问题可以描述为：设 $G=(S,V)$ 为一无向图，顶点集为 S，$S=\{0,1,2,\cdots,n\}$，其中 $S_0=0$ 代表配送中心，$S^k=\{1,2,\cdots,n\}$ 表示客户点集合，$V=\{(i,j)|i,j\in N,i\neq j\}$ 表示边集；每个客户点的需求量为 q_i，由最大装载量为 W 的车辆 k（$k=\{1,2,\cdots,K\}$）进行配送，w 为车辆剩余装载量，其中 K 为使用的车辆数。在允许拆分配送的前提下，完成所有客户点的配送任务所需的最少车辆数是确定的。y_i^k 为车辆 k 给客户 i 配送的货物量，d_{ij} 为客户点 i 和 j 之间的距离（或运输成本）；x_{ij}^k 表示车辆 k 是否经过边 (i,j)，即车辆 k 经过点 i 后是否会行驶到点 j。表5.1所示为SDVRP模型中各符号的含义。

表 5.1　SDVRP 模型中各符号的含义

符号	表示含义
S	顶点集合
S^k	客户点集合
S_0	配送中心
q_i	需求点 i 的需求量
k	使用的车辆数
W	车辆最大装载量
w	车辆剩余装载量
d_{ij}	需求点 i 到需求点 j 的距离（所需成本）
y_i^k	车辆 k 给需求点 i 配送的货物量
x_{ij}^k	0-1 变量，表示车辆 k 是否经过客户点 i 后行驶到客户点 j

满载情况下 SDVRP 问题的数学模型描述如下。

（1）决策变量：

$$x_{ij}^k = \begin{cases} 1, & \text{车辆 } k \text{ 经过点 } i \text{ 后行驶到点 } j \\ 0, & \text{其他情况} \end{cases} \tag{5-1}$$

$$y_i^k \leqslant \min\{q_i, w\} \tag{5-2}$$

（2）目标函数和约束条件：

$$\min \sum_{i=0}^{n} \sum_{j=0}^{n} \sum_{k=1}^{K} d_{ij} x_{ij}^k \tag{5-3}$$

其中：

$$K = \left\lceil \frac{\sum_{i=1}^{n} q_i}{W} \right\rceil \tag{5-4}$$

$$\sum_{k=1}^{K} \sum_{i=0}^{n} x_{ij}^k \geqslant 1, \quad j = 0, 1, 2, \cdots, n \tag{5-5}$$

$$\sum_{k=1}^{K} y_i^k \geqslant q_i, \quad i = 1, 2, \cdots, n \tag{5-6}$$

$$\sum_{i=1}^{n} y_i^k \leqslant W, \quad k = 1, 2, \cdots, K, \quad i = 1, 2, \cdots, n \tag{5-7}$$

$$\sum_{i=0}^{n} x_{ip}^k - \sum_{j=0}^{n} x_{pj}^k = 0, \quad p = 0, 1, 2, \cdots, n, \quad k = 1, 2, \cdots, K \tag{5-8}$$

$$\sum_{j=0}^{n} x_{ij}^k q_i \geqslant y_i^k, \quad k = 1, 2, \cdots, K, \quad i = 1, 2, \cdots, n \tag{5-9}$$

$$\sum_{i \in S^k} \sum_{j \in S^k} x_{ij}^k = |S^k| - 1, \quad k = 1, 2, \cdots, K \tag{5-10}$$

$$S^k = S - S_0 \tag{5-11}$$

$$\begin{cases} T_z = W, & z = 1, 2, \cdots, K-1 \\ T_f \leqslant W, & f = K \end{cases} \tag{5-12}$$

式(5-1)和式(5-2)表示决策变量;式(5-3)为本模型的目标函数,即最小化车辆行驶路程;式(5-4)为目标函数中车辆的最少使用数,为定值;式(5-5)表示每个客户点可以被车辆访问多次,该客户点的货物可以被拆分配送;式(5-6)表示每个客户点的需求都能得到满足;式(5-7)表示每辆配送车每次运送的货物量总和不超过车辆的最大载货量;式(5-8)表示配送路径流量守恒,即进入某客户点的车辆数等于从该客户点驶出的车辆数;式(5-9)表示只有当车辆 k 经过客户点 i 时,该客户点才能被服务;式(5-10)和式(5-11)表示每条线路中被服务客户之间的弧边数等于被服务客户点的个数减1,即保证线路构成一个回路;式(5-12)表示车辆的满载约束,在所有的配送车辆中,最多只有一辆车的载货量小于车辆的最大载货量。

5.2.3 配送流程

初始时,令车辆的剩余载货量 $w=W$;使用车辆数 $K=0$;总行驶距离 $L=0$,l_i 为第 i 辆车的配送路程。按照以下步骤进行配送。

(1) 随机生成一组客户配送顺序。

(2) 按照生成的初始配送顺序,对第一个客户点进行配送。

① 若 $q_i = w$,配送完该点后,返回配送中心,计算 l_i,$K=K+1$,$L=L+l_i$。按照初始生成的客户顺序,再对剩下的未送客户点,执行(2)。

② 若 $q_i > w$,则对该点进行拆分配送,配送完该点后,更新该点的需求量 $q_i = q_i - w$,车辆返回配送中心,计算 l_i,$K=K+1$,$L=L+l_i$。另一辆车按照更新后的需求量重新对该客户点进行配送,执行(2)。

③ 若 $q_i < w$,对该点进行配送后,更新车辆剩余装载量 $w = w - q_i$,然后按照配送顺序对下一个客户进行配送。直到车辆的剩余装载量为0,返回配送中心。

(3) 循环步骤(2),直到所有客户点都被配送完成。最后计算出车辆使用数、每辆车的配送路程、总的配送路程。

5.3 求解 SDVRP 问题

5.3.1 利用粒子群优化算法求解

首先由算法随机生成一条从配送中心出发,包括所有的客户点并且最后回到配送中心的初始路径。按照初始路径中客户点的访问顺序派出若干车辆对客户点进行配送。如果客户点的需求被满足,则按照初始顺序继续配送下一个客户点,直到车辆空载返回配送中心。如果客户点的需求未被满足,则车辆配送完该点后直接返回配送中心,并由下一辆车按照初始路径的顺序继续配送未被满足的客户点,重复至所有客户点被配送完成。计算出每辆车每趟配送路程的总和,即为最后配送完所有客户点所需的总路程。结合前述配送流程,本模型当中的目标函数与配送完所有客户点的总路程有关,所以计算出的在每一种配送顺序下的总路程即为粒子群算法当中的适应度函数。利用粒子群优化算法对每一种配送顺序进行优化,找到总路程最小的配送路径,作为该问题的最优解。

实现粒子群优化算法求解 SDVRP 问题最重要的部分,就是找到一个合适的表达方法,使算法中的粒子与问题的解相对应。本文将使用整数置换的形式对粒子进行归一化和解码。

设置每个粒子具有 $3 \times n+1$ 个元素,其中 n 为需要配送的客户点数量。粒子由四个部分构成:第一部分具有 n 个元素,表示粒子的位置;第二部分具有 n 个元素,为 0-1 变量,表示该客户点是否被拆分配送。若该客户点被拆分则等于 1,否则等于 0;第三部分具有 n 个元素,由 $[0,1]$ 中的浮点数构成,表示粒子的速度;第四部分具有 1 个元素,代表该粒子的适应值。粒子可以表示为

$$X_i = [(x_{in}, y_{in}), v_{in}, \text{fitness}]$$

其中,粒子的位置记为 x_{in},粒子的初始位置可以表示为 $x_{in} = [c_i, \cdots, c_j, \cdots, c_g]$, $i, j, g \in [1, n]$, n 为客户点的数量,$[c_i, \cdots, c_j, \cdots, c_g]$ 代表各配送客户点的随机排列顺序。

在解的表示中将客户点序号 c_i 与 0-1 变量 y_i 相结合,表示为

$$[(c_i, y_i), \cdots, (c_j, y_j), \cdots, (c_g, y_g)]$$

从中可以清楚地看出哪些客户点被拆分配送。例如: $[(2,0),(3,1),(1,0),(4,1),$

(5,0)],可以看出客户点 3、客户点 4 被拆分配送,而剩下的客户点并没有被拆分配送。

粒子的速度记为 v_{in},由 n 个[0,1]中的浮点数构成,粒子的初始速度可以表示为 $v_{in}=[r_1,r_2,\cdots,r_j,\cdots,r_g]$,其中 $j,g\in[1,n]$。

按照以上描述,可以将一个粒子表示为

X_1=[(2, 0), (3, 1), (1, 0), (4, 1), (5, 0), 0.7, 0.9, 0.4, 0.2, 0.6, 27]

- 粒子的位置和拆分判断变量
- 粒子的速度
- 适应值

根据粒子位置和速度更新公式,在计算每个粒子的位置部分时,不能直接将由客户点随机排序组成的位置部分直接带进公式进行计算,而是需要做一定的转换。本章将位置部分的整数按一定的归一化方式,转换成(0,1)中的浮点数,并使用转化后的浮点数进行计算。在计算了粒子速度和位置后,使用相对应的解码方法,将位置部分的浮点数重新转换回整数,得到新的粒子位置。

粒子位置的归一化和解码过程如下:

(1) 生成一组由所有客户点组成的随机排列,设客户点总数为 n;

(2) 将排列中的每个整数都除以 n,得到一条对应的由浮点数组成的排列;

(3) 将经过转换的粒子位置代入更新公式进行计算;

(4) 得到新的粒子位置后,再将此浮点数排序转换回整数排序;

解码的方法为:将最小的浮点数对应 1,最大的浮点数对应 n,其他的浮点数按照从小到大的顺序对应 1 到 n 之间的整数,从而重新转换为整数,得到一条新的配送路径。

(5) 根据更新后的粒子位置,即客户配送顺序,计算适应值,分别找到个体最优和群体最优后进行下一轮优化。

以下以一个具体例子说明粒子位置归一化和解码。设一共存在 8 个客户点,随机生成一条初始路径,粒子的位置部分可以表示为

$$x_1=[5,8,2,7,1,6,3,4]$$

归一化(每个元素除以 8)后为

$$x_1'=[0.625,1,0.25,0.875,0.125,0.75,0.325,0.5]$$

将归一化后的粒子位置带进 PSO 的位置更新公式进行计算,在某次更新迭代后该位置可能会变为

$$x_1''=[0.814\ 7,0.905\ 8,0.127\ 0,0.632\ 4,0.097\ 5,0.278\ 5,0.546\ 9,0.957\ 5]$$

使用解码方法将其进行整数转换。其中,0.097 5 最小,因此它对应 1;0.957 5

最大,对应 8。如下所示：

x''_1:　0.814 7　0.905 8　0.127 0　0.632 4　**0.097 5**　0.278 5　0.546 9　**0.957 5**
对应值：　6　　　7　　　2　　　5　　　**1**　　　3　　　4　　　**8**

所以解码后的新的粒子位置为

$$x''_1 = [6,7,2,5,1,3,4,8]$$

更新后的粒子位置,即为一条配送顺序,将其带入适应度函数(目标函数)中进行计算,得到相应的适应值。

5.3.2　算法的实现步骤

使用粒子群算法不断更新和优化粒子,即更新优化客户点的配送顺序,得到总配送路程最小的一条配送路径即为问题的最优解。粒子群算法按照图 5.5 所示的流程求解 SDVRP 问题。与之对应的主函数、目标函数、子路径的行驶距离计算如算法 5.1～算法 5.3 所示。

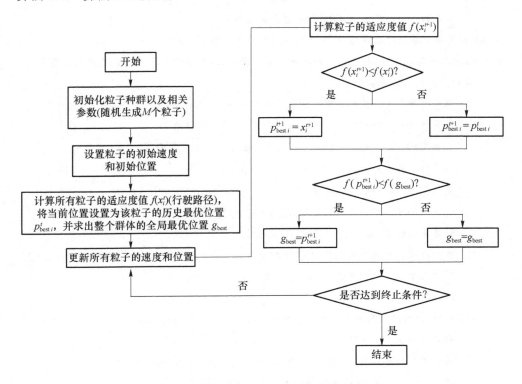

图 5.5　粒子群算法求解流程图

算法 5.1　主函数

Step1：定义全局变量。客户点需求量 Q，车辆载货量 Car_load，客户点数量 num，计算客户点之间的欧氏距离，并存入矩阵 d；

Step2：初始化粒子群算法。种群数量 nPop，独立计算次数 Tra_n，最大迭代次数 MaxIt，粒子维度 nVar，粒子速度范围 VarSize；

Step3：调用粒子群算法。循环计算粒子的适应值，即计算目标函数 CostFunction，达到最大迭代次数或独立计算次数则停止循环；

Step4：输出结果。输出群体最优值，即最短行驶路程 y，每辆车的行驶路程 Dis，每辆车配送的客户点集合 section，每辆车对应客户点的配送量 Q_sec，每辆车的载重 load。

算法 5.2　目标函数

Step1：调用全局变量 Q，Car_load，num；定义车辆行驶路程集合 Dis={ }，令 Q1=Q，Q1 为动态更新的客户需求变量，令车辆数 K=1；

Step2：随机生成一组客户配送顺序，即从配送中心出发遍历所有客户点的配送路径。使用上一节中的粒子编码方法，得到初始客户配送顺序。

Step3：计算每辆车的配送路径、配送距离以及客户点配送量。具体如下：

for　按照初始路径顺序，将客户点依次加入子路径，判断车辆的载货量是否能满足该条子路径中客户点总的需求量

　　if　该条路径上客户点的总需求量 sum(Q1(path))>Car_load

　　　　此时该条子路径中不能再加入下一个客户点，子路径确定；
　　　　计算车辆行驶距离 dz，并将 dz 存入 Dis 集合，Dis={Dis dz}；
　　　　将子路径存入 section 集合，section{k}=path；
　　　　更新该客户点的剩余需求量，Q_sup=sum(Q1(path))−Car_load；
　　　　存储子路径上客户点的配送量，Q_sec{k}=Q1(path)；
　　　　计算车辆载重，load{k}=sum(Q1(path))；
　　　　更新所有客户点的需求量，其中已配送完的客户点需求量 qi=0，没有配送的客户点的需求量 qi=qi，没有配送的客户点需求量 qi=qi−w；
　　　　k=k+1；

　　elseif　该条路径上客户点的总需求量 sum(Q1(path))=Car_load

　　　　确定子路径；
　　　　计算车辆行驶距离 dz，并将 dz 存入 Dis 集合，Dis={Dis dz}；
　　　　将子路径存入 section 集合，section{k}=path；
　　　　存储子路径上客户点的配送量，Q_sec{k}=Q1(path)；

　　　　计算车辆载重，load{k}=sum(Q1(path));
　　　　更新所有客户点的需求量；
　　　　$k=k+1$;
　　end
　　if 此时配送的客户点是初始路径中的最后一个客户点
　　　　确定子路径；
　　　　计算车辆行驶距离 dz，并将 dz 存入 Dis 集合中，Dis={Dis dz};
　　　　将子路径存入 section 集合，section{k}=path;
　　　　存储子路径上客户点的配送量，Q_sec{k}=Q1(path);
　　　　计算车辆载重，load{k}=sum(Q1(path));
　　　　更新所有客户点的需求量；
　　end
end
重复以上循环，直到所有客户点被配送完成；

Step4：计算车辆总配送距离。计算出每条子路径的配送距离，全部相加得到总的配送行驶距离，$y=\mathrm{sum}(\mathrm{Dis})$。

算法 5.3 子路径的行驶距离计算

Step1：调用距离矩阵 d，得到的子路径，并判断该条子路径上有几个客户点 m；
Step2：计算子路径距离，具体如下：
　　初始化子路径行驶距离 $dz=0$;
　　for 从子路径上第一个客户点开始，$k=1:m$
　　　　if 是第一个客户点，$k=1$
　　　　　　计算从配送中心到该客户点的距离，$dz=dz+d(1,\mathrm{path}(1)+1)$;
　　　　else
　　　　　　计算上一个客户点到该客户点的距离 $dz=dz+d(\mathrm{path}(k-1)+1,\mathrm{path}(k)+1)$;
　　　　end
　　　　if 是子路径上最后一个客户点，$k=m$
　　　　　　计算从该点返回配送中心的距离，$dz=dz+d(\mathrm{path}(m)+1,1)$;
　　　　end
　　end

5.3.3 仿真实验

针对不同规模的客户点进行仿真实验,探究本章设计的改进粒子群算法 LITFPSO 是否能够有效求解不同客户点规模的 SDVRP 问题。客户点规模分别为 15 个客户点、20 个客户点和 35 个客户点。本节利用 LITFPSO 求解不同规模客户点的 SDVRP 问题,并求出最短的行驶路程以及对应的配送方案。在仿真求解中,设置粒子种群数量为 50,独立运算 20 次,最大迭代次数为 200,LITFPSO 的参数如下:

$$w_{\min}=0.4, w_{\max}=0.9, c_1=c_2=1.49445, T_0=0.4, 系数\ k=2$$

1. 15 个客户点仿真

在 15 个客户点仿真的数据中,1 号点为配送中心,坐标为(0,0),配送车辆最大运载量为 500 kg。15 个客户点仿真坐标及需求量信息详见表 5.2。利用 LITFPSO 求解该组数据,并将结果与 PSO 以及其他经典算法进行比较,探究 LITFPSO 在小规模的客户数据中的求解效果。

表 5.2 15 个客户点仿真坐标及需求量信息

客户点	横坐标	纵坐标	需求量/kg
1	0	0	0
2	32	41	468
3	96	9	335
4	7	58	1
5	97	87	170
6	26	21	225
7	23	100	479
8	52	31	359
9	76	43	463
10	74	17	465
11	72	104	206
12	40	99	146
13	8	16	282
14	27	38	328
15	78	69	462
16	46	16	492

第 5 章 需求可拆分的配送路径规划

表 5.3 中记录了 LITFPSO 和 PSO 分别求解该组数据独立运算 20 次的结果。从中可以得出：LITFPSO 的第 13 次运算结果最优，行驶距离为 1 731.71 km；PSO 第 4 次的运算结果最优，行驶距离为 1 740.64 km；LITFPSO 得出的最短行驶路程较 PSO 求出的最短行驶路程减少了 8.90 km；PSO 独立运算 20 次的平均行驶路程为 1 798.79 km，而 LITFPSO 独立运算 20 次的平均行驶路程为 1 784.89 km，比 PSO 的平均行驶路程少了 13.9 km；两种算法均使用了 10 辆车进行配送。由此可以得出，LITFPSO 对比 PSO 有一定的优化，能够减少车辆行驶路程，LITFPSO 能够有效地求解 15 个客户点的 SDVRP。

表 5.3 LITFPSO 与 PSO 独立运算 20 次的结果对比（15 个客户点）

算法	LITFPSO			PSO		
运算次数	行驶距离/km	使用车辆数	拆分次数	行驶距离/km	使用车辆数	拆分次数
1	1 741.31	10	9	1 808.48	10	9
2	1 788.59	10	8	1 867.59	10	8
3	1 849.36	10	9	1 821.29	10	9
4	1 796.05	10	9	**1 740.63**	10	9
5	1 822.89	10	9	1 824.59	10	9
6	1 815.80	10	9	1 792.89	10	8
7	1 819.59	10	8	1 824.29	10	9
8	1 740.51	10	9	1 779.47	10	9
9	1 798.28	10	9	1 789.17	10	9
10	1 743.68	10	9	1 787.77	10	9
11	1 798.63	10	9	1 790.52	10	9
12	1 744.85	10	9	1 781.54	10	9
13	**1 731.71**	10	9	1 807.75	10	8
14	1 782.51	10	8	1 823.58	10	9
15	1 778.39	10	8	1 825.29	10	9
16	1 791.26	10	9	1 789.89	10	9
17	1 794.54	10	9	1 776.67	10	8
18	1 787.08	10	9	1 805.20	10	8
19	1 788.34	10	9	1 762.67	10	9
20	1 784.42	10	8	1 776.67	10	9
平均值	1 784.89	10	—	1 798.79	10	—

智慧物流：仓储与配送中的智能算法

表5.4所示为LITFPSO求解15个客户点数据得到的车辆最优配送方案。从中可以得到车辆的最优配送方案：该方案共派出了10辆车对客户点进行配送，客户点最优配送顺序为[3,6,11,11,10,14,14,4,8,8,7,7,1,1,13,13,9,9,2,15,15,5,5,12]，其中对客户点1、5、7、8、9、11、13、14、15进行了拆分配送，最优路径长度为1731.71 km；求出的解均满足满载限制，只有最后一辆车没有装满，并且它的装载率为76.2%，说明该方案有效地利用了车辆的装载空间。图5.6描述了15个客户点问题中各车配送路线安排图，其中不同线型的回路表示一辆车的配送路线。

表5.4　LITFPSO求解15个客户点数据得到的车辆最优配送方案

车辆编号	子路径及客户点的配送量	路径长度/km	装载率/%
1	0—3(1)—6(479)—11(20)—0	227.17	100
2	0—11(126)—10(206)—14(168)—0	278.81	100
3	0—14(294)—4(170)—8(36)—0	266.39	100
4	0—8(427)—7(73)—0	174.69	100
5	0—7(286)—1(214)—0	134.91	100
6	0—1(254)—13(246)—0	104.46	100
7	0—13(82)—9(418)—0	174.02	100
8	0—9(47)—2(335)—15(118)—0	198.53	100
9	0—15(374)—5(126)—0	102.74	100
10	0—5(99)—12(282)—0	69.99	76.2
总计		1731.71	

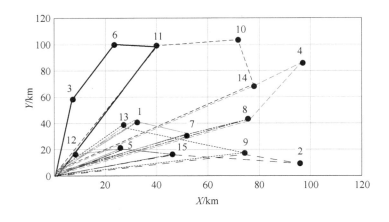

图5.6　15个客户点问题中各车配送路线安排图

表5.5所示为不同算法求解该组数据得到的最优路径长度对比，LITFPSO得

到的最优解相比于传统 VRP 算法最优路径长度减少了 1 辆车,在最优路径长度上有了约 13% 的优化;对比蚁群算法,LITFPSO 的最优路径长度减少了 104.3 km;对比分段求解算法,LITFPSO 的最优路径长度减少了 96 km;对比聚类算法,LITFPSO 的最优路径长度减少了 32.7 km;对比蜂群算法,LITFPSO 的最优路径长度减少了 31 km,对比先聚类后路径的方法,LITFPSO 的最优路径长度减少了 11.2 km。LITFPSO 刷新了该问题的最优解记录,说明了其求解 SDVRP 的有效性。

表 5.5　不同算法求解该组数据得到的最优路径长度对比

序号	所用算法	最优路径长度/km	使用车辆数
1	传统 VRP 算法	1 990.0	11
2	蚁群算法	1 836.0	10
3	分段求解算法	1 827.7	10
4	聚类算法	1 764.4	10
5	蜂群算法	1 762.7	10
6	先聚类后路径	1 742.9	10
7	PSO	1 740.6	10
8	LITFPSO	1 731.7	10

2. 20 个客户点仿真

在 20 个客户点仿真的数据中,1 号点为配送中心,位置坐标为 (14.5,13),配送车辆最大运载量为 5 t。20 个客户点仿真坐标及需求量信息详见表 5.6。利用 LITFPSO 求解该问题,并将结果与 PSO 以及其他经典算法得出的结果进行比较。

表 5.6　20 个客户点仿真坐标及需求量信息

客户点	横坐标	纵坐标	需求量/t
1	14.5	13	0
2	12.8	8.5	2
3	18.4	3.4	2
4	15.4	16.6	2
5	18.9	15.2	1
6	15.5	11.6	3
7	3.9	10.6	2

续表

客户点	横坐标	纵坐标	需求量/t
8	10.6	7.6	1
9	8.6	8.4	3
10	12.5	2.1	1
11	13.8	5.2	4
12	6.7	16.9	2
13	14.8	2.6	2
14	1.8	8.7	3
15	17.1	11	1
16	7.4	1	1
17	0.2	2.8	3
18	11.9	19.8	1
19	13.2	15.1	4
20	6.4	5.6	1
21	9.6	14.8	1

表 5.7 中记录了 LITFPSO 和 PSO 分别求解 20 个客户点数据独立运行 20 次的结果。从中可以得出，LITFPSO 第 8 次的运算结果最优，行驶距离为 174.94 km，PSO 第 2 次的运算结果最优，行驶距离为 179.43 km，LITFPSO 得出的最短行驶距离较 PSO 减少了 4.49 km；PSO 独立运算 20 次的平均行驶距离为 187.29 km，而 LITFPSO 独立运算 20 次的平均行驶距离为 183.48 km，比 PSO 的平均行驶距离减少了 3.81 km；两种算法均使用了 8 辆车进行配送，并且车辆全部满载。由此可以得出 LITFPSO 能够有效地求解 25 个客户点的 SDVRP。

表 5.7　LITFPSO 与 PSO 独立运算 20 次的结果对比 (20 个客户点)

序号	LITFPSO			PSO		
	行驶距离/km	使用车辆数	需求拆分次数	行驶距离/km	使用车辆数	需求拆分次数
1	180.34	8	1	184.97	8	2
2	178.51	8	1	**179.43**	8	1
3	186.48	8	2	190.05	8	2
4	182.72	8	0	190.07	8	1
5	184.57	8	0	189.30	8	1
6	189.98	8	0	186.82	8	1

续 表

序号	LITFPSO			PSO		
	行驶距离/km	使用车辆数	需求拆分次数	行驶距离/km	使用车辆数	需求拆分次数
7	181.59	8	1	185.29	8	1
8	**174.94**	8	1	186.65	8	0
9	185.61	8	0	182.84	8	2
10	183.75	8	0	180.60	8	1
11	185.61	8	1	187.98	8	0
12	186.46	8	0	184.84	8	2
13	184.88	8	0	186.32	8	2
14	188.09	8	1	190.65	8	0
15	180.28	8	2	193.25	8	1
16	183.03	8	1	185.78	8	1
17	180.28	8	1	190.04	8	2
18	179.73	8	2	192.29	8	1
19	185.92	8	2	191.79	8	1
20	186.90	8	0	186.90	8	1
平均值	183.48	8	—	187.29	8	—

表 5.8 所示为 LITFPSO 求解 20 个客户点仿真得到的车辆最优配送方案,从中可以得到车辆的最优配送方案:该方案共派出了 8 辆车对客户点进行配送,并且全部满载。客户点最优配送顺序为[11,17,18,18,3,4,9,12,2,10,14,5,1,7,8,20,6,13,19,16,15],其中对客户点 18 进行了拆分。

表 5.8 LITFPSO 求解 20 个客户点仿真得到的车辆最优配送方案

车辆编号	子路径及客户点的配送量	路径长度/km	装载率/%
1	0—1(2)—8(3)—0	16.49	100
2	0—2(2)—12(2)—10(1)—0	24.67	100
3	0—10(3)—9(1)—7(1)—0	23.67	100
4	0—19(1)—16(3)—15(1)—0	39.14	100
5	0—6(2)—13(3)—0	27.11	100
6	0—4(1)—14(1)—5(3)—0	12.92	100
7	0—20(1)—11(2)—17(1)—18(1)—0	22.10	100
8	0—18(3)—3(2)—0	8.84	100
总计		174.94	

图 5.7 描述了 20 个客户点问题中各车配送路线安排图,从中可以看出各配送车辆的配送路线。

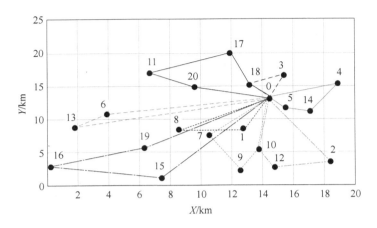

图 5.7 20 个客户点问题中各车配送路线安排图

表 5.9 所示为不同优化算法求解该组数据得到的最优总路径长度对比。LITFPSO 求得的最优解对比禁忌搜索算法最优路径长度减少了 7.9 km;相对于遗传算法,LITFPSO 的最优路径长度减少了 4.7 km;相对于聚类算法,LITFPSO 的最优路径长度减少了 1 km;对比先聚类后拆分的方法,LITFPSO 的最优路径长度减少了 2.57 km。由此可以证明,LITFPSO 可以有效求解 SDVRP 问题。

表 5.9 不同算法求解该组数据得到的最优总路径长度对比

序号	所用算法	最优路径长度/km	使用车辆数
1	传统 VRP 算法	227.58	9
2	禁忌搜索算法	186.4	8
3	遗传算法	183.2	8
4	先聚类后拆分	181.07	8
5	聚类算法	179.5	8
6	PSO	179.4	8
7	LITFPSO	178.5	8

3. 35 个客户点仿真

为探究 LITFPSO 求解大规模客户数据的效果,采用 35 个客户点的数据。其中,1 号点为配送中心,位置坐标为(15.31,12.61),配送车辆最大运载量为 8 t。35 个客户点仿真坐标及需求量信息详见表 5.10。

表 5.10　35 个客户点仿真坐标及需求量信息

客户点	横坐标	纵坐标	需求量/t
1	15.31	12.61	0
2	12.9	8.5	0.43
3	18.43	2.77	1.44
4	16.11	16.48	0.65
5	2.51	6.77	1.59
6	15.9	11.13	0.69
7	4.38	10.07	1.26
8	10.79	7.17	0.35
9	8.63	8.3	0.68
10	13.23	1.6	2.4
11	14.18	4.4	1.02
12	6.75	16.8	0.45
13	15.17	1.64	2.71
14	2.16	8.27	1.99
15	12.19	2.63	2.22
16	7.86	0.72	2.16
17	0.92	2.59	2.36
18	12.28	19.7	2.63
19	13.87	14.59	2.42
20	7.28	4.6	1.33
21	10.01	14.37	2.42
22	6.88	8.84	0.98
23	4.1	14.64	1.94
24	5.53	4.6	2.43
25	0.94	12.93	0.48
26	12.94	7.58	1.01
27	21.8	6.05	1.3
28	8.46	10.51	1.36
29	19.74	14.3	2.41
30	10.61	17.66	0.72
31	11.8	6.67	1.69
32	13.07	2.46	0.9

续 表

客户点	横坐标	纵坐标	需求量/t
33	5.22	9.27	2.29
34	10.01	11.05	1.45
35	4.24	15.8	1.47
36	17.2	10.6	1.19

利用 LITFPSO 求解该问题,本节将其得出的结果与 PSO 进行比较。表 5.11 中记录了 LITFPSO 和 PSO 分别求解该组数据独立运算 20 次的结果,从中可以得出 LITFPSO 第 12 次的运算结果最优,行驶距离为 261.01 km,而 PSO 第 17 次的运算结果最优,行驶距离为 303.57 km,LITFPSO 得出的最短行驶距离较 PSO 减少了 42.56 km;LITFPSO 独立运算 20 次的平均行驶距离为 273.96 km,而 PSO 独立运算 20 次的平均行驶距离为 316.28 km,LITFPSO 相比于 PSO 的平均行驶距离减少了 42.32 km;两种算法均使用了 7 辆车进行配送,拆分了 6 个客户点。由此可以分析得出,LITFPSO 在行驶距离上有很大的优化,平均最短行驶路径减少了 13.38%,LITFPSO 能够求出更优的解。

表 5.11 LITFPSO 与 PSO 独立运算 20 次的结果对比(35 个客户点)

序号	LITFPSO			PSO		
	行驶距离/km	使用车辆数	需求拆分次数	行驶距离/km	使用车辆数	需求拆分次数
1	278.39	7	6	329.93	7	6
2	274.94	7	6	323.63	7	6
3	268.91	7	6	322.47	7	6
4	272.89	7	6	306.72	7	6
5	279.49	7	6	317.38	7	6
6	276.25	7	6	322.48	7	6
7	282.08	7	6	318.40	7	6
8	270.29	7	6	313.32	7	6
9	276.58	7	6	316.92	7	6
10	269.89	7	6	306.73	7	6
11	271.91	7	6	325.79	7	6
12	**261.01**	7	6	321.08	7	6
13	278.89	7	6	319.86	7	6
14	273.09	7	6	312.63	7	6
15	276.41	7	6	315.15	7	6

续表

序号	LITFPSO			PSO		
	行驶距离/km	使用车辆数	需求拆分次数	行驶距离/km	使用车辆数	需求拆分次数
16	278.39	7	6	317.08	7	6
17	277.61	7	6	**303.57**	7	6
18	269.68	7	6	304.46	7	6
19	266.77	7	6	308.71	7	6
20	275.69	7	6	319.27	7	6
平均值	273.96	7	6	316.28	7	6

表5.12为LITFPSO求解35个客户点问题得到的车辆最优配送方案。从中可以得到车辆的最优配送方案:该方案最优路径长度为261.01 km,共派出7辆车进行配送,配送顺序为

[3,20,34,11,29,17,17,25,21,32,14,30,30,7,19,23,8,1,18,18,33,27,13,16,5,5,22,24,6,4,15,9,9,12,2,31,10,35,35,26,28]

其中,对客户点5、9、17、18、30、35进行了拆分配送;配送车辆满足满载限制,只有最后一辆车没有满载,且装载率为60.25%。图5.8为35个客户点的车辆配送路线安排图。

表5.12 LITFPSO求解35个客户点问题得到的车辆最优配送方案

车辆编号	子路径及客户点的配送量	路径长度/km	装载率/%
1	0—3(0.65)—20(2.42)—34(1.47)—11(0.45)—29(0.72)—17(2.29)—0	33.35	100
2	0—17(0.34)—25(1.01)—21(0.98)—32(2.29)—14(2.22)—30(1.16)—0	48.34	100
3	0—30(0.53)—7(0.35)—19(1.33)—23(2.53)—8(0.68)—1(0.43)—18(2.25)—0	31.84	100
4	0—18(0.17)—33(1.45)—27(1.36)—13(1.99)—16(2.36)—5(0.67)—0	40.66	100
5	0—5(0.02)—22(1.94)—24(0.48)—6(1.26)—4(1.59)—15(2.16)—9(0.55)—0	50.49	100
6	0—9(1.85)—12(2.71)—2(1.44)—31(0.9)—10(1.02)—35(0.08)—0	33.85	100
7	0—35(1.11)—26(1.3)—28(2.41)—0	22.47	60.25
总计		261.01	

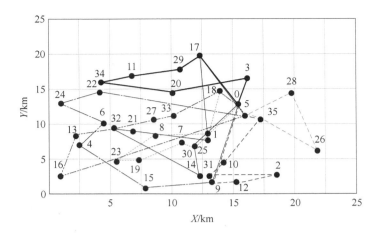

图 5.8　35 个客户点的配送路线安排图

从表 5.13 中可以看出，LITFPSO 求出的最优解相比于 PSO 求出的最优解，最短路径长度减少了 13.8%，算法优化性能有较大的提升。

表 5.13　不同算法求解该组数据最优总路径长度比较

序号	所用算法	最优路径长度/km	使用车辆数
1	PSO	303.57	7
2	LITFPSO	261.01	7

总体来说，通过分析三组不同规模客户点的仿真结果，可以得出以下结论：

（1）PSO 与 LITFPSO 均能有效地求解 SDVRP，并且通过三组不同规模的算例可知，LITFPSO 能够有效求解大规模的 SDVRP；

（2）LITFPSO 相比传统 VRP 算法，可以明显地减少车辆的使用数量与配送路径长度，达到降低物流成本的目的；

（3）通过与不同算法进行对比，LITFPSO 能够求出更优解，对于求解 SDVRP 具有更好的优化能力。

5.4　求解带时间窗的 SDVRP 问题

5.4.1　带时间窗的 SDVRP 问题模型构建

将时间窗限制加入传统的 VRP 就衍生出了带时间窗的车辆路径问题（VRPTW），带时间窗的需求可拆分车辆路径规划问题（SDVRPTW）是 SDVRP 问题的一种衍生类型。与 SDVRP 和 VRP 问题类似，SDVRPTW 与 VRPTW 最根本的区别在于解除了客户点的需求只能由一辆车来进行配送的约束，即每个客户点可以由多辆车进行配送。

1. SDVRPTW 问题描述

设有 n 个需求点，每个需求点 i 的需求量为 q_i，由最大运载能力为 W 的车辆进行配送。每个需求点有相应的服务时间范围 $[e_i, l_i]$，若车辆 k 到达需求点 i 的时间比 e_i 早，则产生等待惩罚费用，若车辆 k 到达需求点 i 的时间比 l_i 晚，则产生延迟惩罚费用，在时间范围内到达不产生任何惩罚。每个需求点的需求可被多辆车进行满足，优化目标是寻找车辆行驶总费用最小的配送路线，即车辆在配送过程中产生的行驶费用、等待费用和延迟惩罚费用之和最少的配送路线。

对 SDVRPTW 做如下假设：
(1) 每个客户点的距离对称，客户点之间的距离满足三角不等式；
(2) 配送车辆从配送中心出发，最后回到配送中心，且配送中心无时间限制；
(3) 假设配送车辆在各客户点的服务时间一致；
(4) 多辆车可以同时从配送中心出发对客户点进行配送。

SDVRPTW 可以描述为：设 $G=(S,V)$ 为一无向图，顶点集为 $S=\{0,1,2,\cdots,n\}$，$S^k=\{1,2,\cdots,n\}$ 表示客户点集合，S_0 表示配送中心，$V=\{(i,j)|i,j\in \mathbf{N}, i\neq j\}$ 表示边集；每个客户点的需求量为 q_i，由最大载重量为 W 的车辆 $k=\{1,2,\cdots,K\}$ 进行配送，其中 K 为车辆的使用数，且在允许拆分的前提下，完成任务必需的最少的车辆数是可以确定的；y_i^k 为车辆 k 给客户点 i 配送的货物量，d_{ij} 为客户点 i 和 j 之间的距离(或者运输成本)；x_{ij}^k 表示车辆 k 是否从客户点 i 行驶到客户点 j；$[e_i, l_i]$ 为客户点 i 允许的服务时间范围，e_i 为客户点 i 时间窗最早时间，l_i 为客户点 i 时间窗最晚时间；t_{ij} 为车辆从客户点 i 行驶到客户点 j 的时间；t_{ki} 为车辆 k 到达客户点 i 的时间；w_{ki} 为车辆 k 早到时的等待时间，$w_{ki}=\max\{0, e_i-t_i\}$；$l_{ki}$ 为车辆 k 的迟到时间，$l_{ki}=\max\{0, t_i-l_i\}$；$u_{ki}$ 为车辆 k 在客户点 i 的服务时间；c_0 为车辆行驶距离的费用系数(每辆车在配送路线上的单位距离行驶成本)；c_1 为早到等待惩罚系数；c_2 为迟到延迟惩罚系数。

2. 模型构建

SDVRPTW 模型在 SDVRP 模型的基础上，添加了时间窗限制。
(1) 模型决策变量：

$$x_{ij}^k = \begin{cases} 1, & \text{车辆 } k \text{ 配送完需求点 } i \text{ 后直接配送需求点 } j \\ 0, & \text{其他情况} \end{cases} \quad (5-13)$$

$$y_i^k \leqslant \min\{q_i, w\} \tag{5-14}$$

(2) 模型目标函数和约束条件：

$$\min z = c_0 \sum_{i=1}^{N}\sum_{j=1}^{N}\sum_{k=1}^{K} x_{ij}^k d_{ij} + c_1 \sum_{i=1}^{N}\sum_{k=1}^{K} w_{ki} + c_2 \sum_{i=1}^{N}\sum_{k=1}^{K} l_{ki} \tag{5-15}$$

其中：

$$K = \left\lceil \frac{\sum_{i=1}^{n} q_i}{W} \right\rceil \tag{5-16}$$

$$w_{ki} = \max\{0, e_i - t_{ki}\} \tag{5-17}$$

$$l_{ki} = \max\{0, t_{ki} - l_i\} \tag{5-18}$$

$$t_{kj} = t_{ki} + w_{ki} + u_{ki} + t_{ij} \tag{5-19}$$

$$\sum_{k=1}^{K}\sum_{i=0}^{n} x_{ij}^k \geqslant 1, \quad j = 0,1,2,\cdots,n \tag{5-20}$$

$$\sum_{k=1}^{K} y_i^k = q_i, \quad i = 1,2,\cdots,n \tag{5-21}$$

$$\sum_{i=1}^{n} y_i^k \leqslant W, \quad k = 1,2,\cdots,K, \quad i = 1,2,\cdots,n \tag{5-22}$$

$$\sum_{i=0}^{n} x_{ip}^k - \sum_{j=0}^{n} x_{pj}^k = 0, \quad p = 0,1,2,\cdots,n, \quad k = 1,2,\cdots,K \tag{5-23}$$

$$\sum_{j=0}^{n} x_{ij}^k q_i \geqslant y_i^k, \quad k = 1,2,\cdots,K, \quad i = 1,2,\cdots,n \tag{5-24}$$

$$\sum_{i \in S^k}\sum_{j \in S^k} x_{ij}^k = |S^k| - 1, \quad k = 1,2,\cdots,K \tag{5-25}$$

$$S^k = S - S_0 \tag{5-26}$$

$$\begin{cases} T_z = W, & z = 1,2,\cdots,K-1 \\ T_f \leqslant W, & f = K \end{cases} \tag{5-27}$$

其中，式(5-13)和式(5-14)表示决策变量，与 SDVRP 模型一致；式(5-15)表示最小化车辆行驶成本和时间窗偏离成本；式(5-16)表示车辆的最少使用数，为定值；式(5-17)和式(5-18)表示车辆早到时的等待时间和迟到的时间；式(5-19)为时间约束，表示车辆到达下一个客户点的时间与车辆到达上一个客户点的时间之间的关系；式(5-20)表示每个客户的需求可以被拆分配送，客户可以被多次访问；式(5-21)表示每一个客户点的需求都得到满足；式(5-22)表示每辆车每次运送的总货物量不超过车辆的最大容量；式(5-23)表示即将进入某个客户点的车辆数等于从该客户点离开的车辆数；式(5-24)表示只有当车辆 k 经过客户点 i 时，该客户点才能被服务；式(5-25)和式(5-26)表示每条线路中被服务客户之间的弧边数等于被服务客户点的个数减 1,即消除子回路;式(5-27)表示车辆满载约束,在配送过程中最多只有一辆车没有达到车辆的最大载重。

5.4.2 对粒子群优化算法的改进

利用 PSO 在解空间内进行搜索时,可能会出现粒子在全局最优解附近徘徊的情况,而这种情况通过调整学习因子和惯性权重并不能完全避免。经研究发现,产生"振荡"现象的原因之一就是粒子位置更新时粒子的飞行时间保持不变。在算法迭代过程中,当粒子距离最优位置较远且粒子速度变化不大时,粒子的飞行时间应该变长,这样有利于快速移向最优位置。当粒子在最优位置附近时,较长的飞行时间可能会使粒子"跃过"最优位置,从而导致"振荡"的现象,所以应减短粒子的飞行时间。传统的粒子群算法在算法迭代过程中飞行时间固定为 1,这将导致粒子的搜索性能随着迭代次数的增加而逐渐降低,始终在最优解附近徘徊。

基于此,本节采用了惯性权重线性递增与动态飞行时间因子相结合的策略(LITFPSO),将它们的搜索能力进行互补,达到平衡算法在迭代过程中的局部搜索能力和全局搜索能力的作用,改进 PSO 算法在整个搜索过程中的性能。

LITFPSO 的粒子位置和速度更新公式如下:

$$\begin{cases} v_{id}^{t+1} = \omega v_{id}^{t} + c_1 r_1 (p_{id} - x_{id}^{t}) + c_2 r_2 (p_{gd} - x_{id}^{t}) \\ x_{id}^{t+1} = x_{id}^{t} + T v_{id}^{t+1} \end{cases}$$

$$\omega = \omega_{\min} + (\omega_{\max} - \omega_{\min}) \frac{t}{N}, \quad \omega_{\min} = 0.4, \omega_{\max} = 0.9$$

$$T = T_0 \left(1 - k \frac{t}{N}\right), T_0 \in [0.1, 0.9], k \in [1, 4]$$

其中,T 为飞行时间因子,T_0 为[0.1,0.9]中的常数,k 为系数,N 为算法最大迭代次数,t 为当前迭代次数,惯性权重的取值范围为[0.4,0.9]。

为验证本节改进粒子群算法 LITFPSO 的有效性,采用四个标准适应度评价函数进行测试,并将测试的结果与 PSO、惯性权重线性递减粒子群优化算法(LDPSO)、惯性权重线性递增粒子群优化算法(LIPSO)、带飞行时间因子粒子群优化算法(TFPSO)的测试结果进行对比,绘制出适应度值随迭代次数变化的曲线图进行比较。

四个标准适应度评价函数及其参数(自变量取值范围、维数、目标值)设置如表 5.14 所示。各算法的参数设置如表 5.15 所示。四种 PSO 改进算法对测试函数的实验结果如表 5.16 所示。为了更加直观地比较各种改进方法的性能,图 5.9～图 5.12 示出了四个测试函数对应的四种改进 PSO 算法以及 PSO 的适应值变化曲线。

表 5.14 四个标准适应度评价函数及其参数设置

函数符号	评价函数名称	函数方程	维数	变量取值范围	目标值
f_1	Sphere	$f_1 = \sum_{i=1}^{n} x_i^2$	10	$[-10,10]$	0
f_2	Rastrigin	$f_2 = \sum_{i=1}^{n} [x_i^2 - 10\cos(2\pi x_i) + 10]$	30	$[-10,10]$	100
f_3	Griewank	$f_3 = 1 + \frac{1}{400} \sum_{i=1}^{n} x_i^2 - \prod_{i=1}^{n} \cos\left(\frac{x_i}{\sqrt{i}}\right)$	30	$[-50,50]$	0.01
f_4	Rosenbrock	$f_4 = \sum_{i=1}^{n-1} [100(x_{i+1} - x_i^2)^2 + (x_i - 1)^2]$	40	$[-30,30]$	200

表 5.15 各算法的参数设置

算法	种群规模	惯性权重	c_1	c_2	迭代次数	独立运算次数
PSO	30	1	1.494 45	1.494 45	300	20
LIPSO	30	[0.4,0.9]	1.494 45	1.494 45	300	20
LDPSO	30	[0.4,0.9]	1.494 45	1.494 45	300	20
TFPSO	30	1	1.494 45	1.494 45	300	20
LDTFPSO	30	[0.4,0.9]	1.494 45	1.494 45	300	20

表 5.16 各 PSO 改进算法对测试函数的实验结果

函数	算法	最优值	均值	方差
Sphere	PSO	8.39E−01	9.78E−01	1.19E−01
	TFPSO	1.65E−02	3.17E−02	1.14E−04
	LIPSO	8.22E−25	1.92E−23	1.10E−45
	LDPSO	4.70E−24	8.55E−24	2.20E−46
	LDFPSO	1.46E−30	1.64E−26	4.92E−51
Rastrigin	PSO	8.99E+03	8.94E+03	1.88E+02
	TFPSO	8.88E+03	8.89E+03	7.05E+02
	LIPSO	8.77E+03	8.77E+03	3.73E+02
	LDPSO	8.77E+03	8.77E+03	2.55E+02
	LDFPSO	8.76E+03	8.76E+03	1.89E+02

续表

函数	算法	最优值	均值	方差
Griewank	PSO	1.05E+00	1.03E+00	4.20E−03
	TFPSO	3.94E−01	3.75E−01	6.70E−03
	LIPSO	7.36E−02	5.43E−02	2.90E−03
	LDPSO	2.46E−02	2.89E−02	6.81E−04
	LDFPSO	1.31E−02	3.84E−02	6.93E−04
RosenBrock	PSO	5.19E+05	6.45E+05	2.11E+10
	TFPSO	9.05E+03	6.98E+03	5.06E+06
	LIPSO	5.42E+02	8.97E+02	1.88E+04
	LDPSO	1.27E+03	1.38E+03	7.88E+04
	LDFPSO	1.22E+03	1.31E+03	1.18E+04

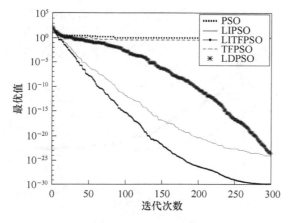

图 5.9 Sphere 函数

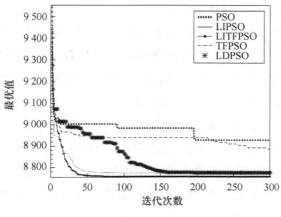

图 5.10 Rastrigin 函数

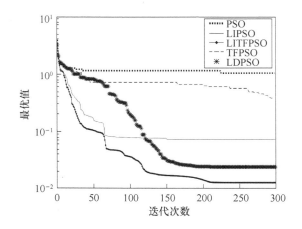

图 5.11 Griewank 函数

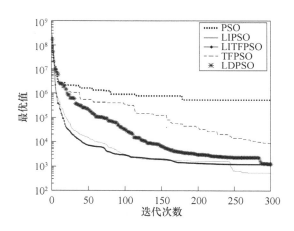

图 5.12 Rosenbrock 函数

由实验结果可以得出以下结论。

(1) Sphere 函数是评价优化算法全局收敛性的经典函数，它具有唯一的全局最小值。从表 5.16 中可以看出，LITFPSO 求解得到的最优值以及均值最接近于 0，且其方差是四种改进方法中最小的，说明此改进算法的寻优能力强且稳定性高。从图 5.9 中也可以看出，LITFPSO 相比于 PSO 和 TFPSO，在收敛速度和寻优精度上有很大程度地改进，相比于 LIPSO 和 LDPSO 也有一定的提升，所以 LITFPSO 具有良好的全局收敛性能，能够求解出最优解。

(2) Rastrigin 函数是典型的非线性多峰函数，它具有大规模的搜索空间以及大量局部最小值。此函数通常用于检测在解有规律的情况下算法的实用性。从

表 5.16 中可以看出,LITFPSO 求解得到的最优值和均值最接近于目标值,说明 LITFPSO 比其他改进方法有更好的寻优性能,能够找到最优解;且其方差在四种改进方法中相对较小,说明该改进算法具有一定的稳定性。从图 5.10 中可以看出,LITFPSO 的收敛速度和寻优精度与 LIPSO 相比差异较小,但是相对于其他两种改进方法以及 PSO 来说,收敛速度有明显的提高,说明 LITFPSO 具有一定的实用性。

(3) Griewank 函数在解空间中存在大量的局部极值,常用于测试算法跳出局部最优的能力。从表 5.16 可以看出,LITFPSO 求得的最优解最接近于目标函数,优于其他三种改进算法,均值和方差也较小,说明 LITFPSO 能够求出最优解并且具有一定的稳定性。同时从图 5.11 中可以看出,LITFPSO 的收敛精度优于其他四种方法。通过 Griewank 函数测试结果可以得出,LITFPSO 具有良好的跳出局部最优的能力。

(4) Rosenbrock 函数也是用于测试函数性能的非凸函数。从表 5.16 中可以分析得出,LITFPSO 的最优解和均值仅次于 LIPSO,但是方差最小,说明在该测试函数中 LITFPSO 虽然在寻优性能上稍逊于 LIPSO,但算法的稳定性最好。图 5.12 表明,LITFPSO 与 LIPSO 和 LDPSO 相比收敛速度较快,但到后期收敛精度没有 LIPSO 高。

总的来说,LITFPSO 相对于 PSO 而言,在算法的寻优精度和收敛速度上有大幅度地提升,与惯性权重线性递增粒子群优化算法、惯性权重线性递减粒子群优化算法、带飞行时间因子粒子群优化算法三种改进方法相比,在收敛速度和寻优效果上都有一定的改进。通过实验证明,本节的改进方法可以使粒子在整个求解过程中,具有很强的全局搜索能力和局部搜索能力,能够扩大搜索范围,有效地使算法跳出局部极值点,避免陷入局部最优,从而寻到最优解。

5.4.3 利用改进粒子群优化算法求解 SDVRPTW

1. LITFPSO 与 SDVRPTW 的相互映射

SDVRPTW 相对于 VRPTW,不同点在于客户点被多次配送,不同的车辆为需求拆分客户点配送的时间并不相同,需要考虑多次配送的时间是否都在规定的时间窗内,所以计算需求被拆分客户点的时间是求解 SDVRPTW 的重点。本节设计了"双时间线"策略表示需求拆分客户点的时间。

假定所有客户点均可能被两辆车进行配送,所有车辆可同时出发进行配送,对于每个客户点均设置两条时间线:第一条时间线记录需求不需要拆分的客户点的服务开始时间和服务结束时间,第二条时间线记录需求被拆分的客户点的服务开始时间和服务结束时间。设置第二条时间线的原因是,假如某客户点被拆分配送,并且在上一条路径中该客户点已经记录了第一辆车为它服务的时间,则在第二辆车进行服务时为了避免时间被覆盖,在此条配送子路径中将时间记录进第二条时间线。对于每条子路径中的第二个客户点,需要判断前一个客户点的时间记录在哪一条时间线上,若是在第一条时间线上,则按照第一条时间线上客户点的服务结束时间计算,并记录在第一条时间线上;若是在第二条时间线上,则按照第二条时间线上该客户点的服务结束时间进行计算,并将时间记录在第一条时间线上。

由于是按照初始配送顺序以及车辆满载限制进行配送,当客户点发生拆分时,配送车辆将剩余载货配送给该客户点后空载返回配送中心,下一辆车则直接前往没有完成配送的客户点继续配送,所以在每一条子路径上(每辆车的配送路线),拆分只会发生在第一个客户点上。对于两条时间线来说,每条子路径中只有第一个点的时间可能会出现在第二条时间线上。

为更好地说明"双时间线"策略,本节引入如下两个示例。

例 5.1 不存在客户点被拆分或者前一条路径上客户点的总需求量等于车辆的最大载货量,配送车辆刚好配送完该条子路径上的客户点。

设配送车辆在客户点服务时间为 5,路上行驶时间为 20,两条子路径 $r_1 = [1,3,5,4]$,$r_2 = [2,6]$,双时间线如图 5.13 所示。

	客户点	服务开始时间 1	服务结束时间 1	服务开始时间 2	服务结束时间 2
子路径 1	1	20	25		
	3	45	50		
	5	70	75		
	4	95	100		
子路径 2	2	20	25		
	6	45	50		

图 5.13 例 5.1 图

两条子路径中的第一个客户点和最后一个客户点不相同,证明 4 号客户点在第一条路径中刚好被配送完,则子路径 2 无需配送 4 号点,可直接计算从配送中心到 2 号点的时间,并记录在第一条时间线上。

例 5.2 存在客户点被拆分。

设车辆在客户点服务时间为 5,路上行驶时间为 20,两条子路径 $r_1 = [1,3,5,4]$,$r_2 = [4,2,6]$,双时间线如图 5.14 所示。

	客户点	服务开始时间 1	服务结束时间 1	服务开始时间 2	服务结束时间 2
子路径 1	1	20	25		
	3	45	50		
	5	70	75		
子路径 2	4	95	100	20	25
	2	45	50		
	6	70	75		

图 5.14 例 5.2 图

每条子路径中的第一个客户点需要判定是否为被拆分点,第二个客户点则需要判定第一个客户点的时间记录在哪一条时间线上。在上述案例中,客户点 4 被拆分配送,4 号客户点为子路径 1 中的最后一个客户点,为子路径 2 中的第一个客户点,所以在子路径 2 中客户点 4 的服务开始时间和结束时间被记录进了第二条时间线。子路径 2 中第二个客户点 2 则先判断第一个客户点的时间记录在哪条时间线上,按照客户点 4 在第二条时间线中的服务结束时间进行计算,并将时间记录在第一条时间线中。

使用双时间线的方法表示客户点的时间节点,可以很好地区分被拆分的客户点多次配送的时间,并且易于计算每条子路径上的车辆配送时间。

2. 算法实现步骤

利用 LITFPSO 求解 SDVRPTW,可以将求解的过程分为两个部分:第一个部分为确定路径部分,在此过程中求出了每辆车的配送路线、配送距离以及给每个客户点配送的货物量;第二个部分为时间计算部分,在第一部分确定了配送车辆的配送路线后,计算该路径上所有客户点的服务开始时间和服务结束时间。

在算法的主函数 main 中,增加了时间窗全局变量 ET_LT 和双时间输出结果 Service1_start、Service1_end、Service2_start、Service2_end。子路径的车辆行驶距离计算步骤不变。在目标函数 CostFunction 中,增加了客户点时间的计算。具体步骤如算法 5.4 所示。

算法 5.4 利用改进粒子群优化算法求解 SDVRPTW

Step1：调用全局变量 Q, Car_load, num, d, ET_LT；定义子路径生成判别变量 flag，值为 1 表示已经生成子路径，值为 0 表示没有生成子路径；

Step2：计算子路径中每个客户点的服务开始时间和服务结束时间，具体如下：

if flag=1

 确定该条子路径上有几个客户点，m=length(path)；

 for k=1:m 从第一个客户点开始计算该条路径上所有客户点的服务开始时间和服务结束时间

  访问子路径中第一个客户点，判断第一个客户点是否已有一辆车对其进行配送，值为 1 表示已配送过，值为 0 表示没有被配送过；

  if k=1

   if Service1_start(path(k))=0

    计算服务开始时间 Service1_start(path(k))，并将时间记录在第一条时间线上。服务开始时间为从配送中心出发的时刻 T_0+(行驶距离/速度)；

    计算服务结束时间 Service1_end(path(k))。服务结束时间为 Service1_start(path(k))+服务时间；

    将 Service1_start(path(k)) 赋值给 Service_start；

   else

    计算服务开始时间 Service2_start(path(k))，并将时间记录在第二条时间线上。服务开始时间为从配送中心出发的时刻 T_0+(行驶距离/速度)；

    计算服务结束时间 Service2_end(path(k))。服务结束时间为 Service2_start(path(k))+服务时间；

    将 Service2_start(path(k)) 赋值给 Service_start；

   end

  else

   访问子路径中第二个客户点，并判断该条子路径中上一个客户点的时间记录在哪一条时间线上，值为 0 表示在第一条时间线上；

   if Service2_start(path(k-1))~=0

    根据第二条时间线中上一个客户点的服务结束时间，计算该客户点的服务开始时间 Service1_start(path(k))，并记录在第一条时间线上。Service1_start(path(k))=上个客户点服务结束时间+行驶时间；

    计算服务结束时间 Service1_end(path(k))；

   else

    根据上一个客户点在第一条时间线中的服务结束时间，计算该客户点的服务开始时间 Service1_start(path(k))；

　　　　　　计算服务结束时间 Service1_end(path(k));
　　　　end
　　　　　　将 Service1_start 的值赋值给 Service_start;
　　　end
　　　判断到达客户点的时间与该点时间窗的差距;
　　　if Service_start 小于时间窗最早时间
　　　　计算早到时间差;
　　　elseif Service_start 大于时间窗最晚时间
　　　　计算早到时间差;
　　　end
　　end
　　flag=0;
end
Step3：计算早到和晚到的总时间差;
Step4：计算总配送成本 $y=c_0 \cdot \text{sum}(\text{Dis})+$早到惩罚$+$晚到惩罚。

5.4.4 仿真实验

针对所提出的带时间窗需求可拆分车辆路径规划模型，利用 LITFSPO 结合不同规模的测试算例进行仿真试验，并对比 LITFSPO 与 SPO 的结果，以此来证明模型的合理性以及算法的有效性。

1. 仿真环境和数据

由于目前没有针对 SDVRPTW 的通用测试算例，故本节将修改 VRPTW 的测试算例，使数据符合 SDVRPTW。Solomon 标准数据集是国际通用 VRPTW 标准测试数据集，该数据集中包含较多客户点，适合研究需求可拆分的问题。本文采用了 Solomon 数据集中的 R103 数据作为基本算例，并从中随机选取 25 个客户点、35 个客户点和 50 个客户点作为三组测试算例，用于研究 LITFSPO 求解不同规模客户点的有效性。对三组算例数据进行转变，让每个客户点的需求量符合路径中需求拆分配送的需求量的要求。具体方法如下。

引入两个参数 α 和 β 来转变客户点的需求量，α 和 β 为$[0,1]$中的数，且两个参数满足 $\alpha \leqslant \beta$，客户点 i 的需求量按照如下公式进行转化：

$$q_i = \alpha w + \gamma(\beta - \alpha)w$$

其中,γ 为[0,1]中的随机数,w 为配送车辆的最大载货量。本节取 $\alpha=0.1$ 和 $\beta=0.5$ 来转变客户点的需求量,得到三组满足需求拆分条件的测试集。

利用 LITFSPO 求解不同规模客户点的 SDVRPTW 问题。LITFSPO 和测试数据集的参数设定如下。

(1) 算法参数:种群规模为 50;算法独立运算次数为 20 次;每次运算 200 次。

$$w_{\min}=0.4, w_{\max}=0.9, c_1=c_2=1.49445, T_0=0.4, k=2$$

(2) 数据集参数:车辆最大载重 $W=200$ kg,车辆行驶速度 $v=1$,车辆从配送中心出发的时间 $t_0=0$,配送中心最大车辆数 $K=25$,每个客户点的服务时间 $u_{ki}=5$,车辆行驶距离费用系数 $c_0=10$,车辆早到惩罚 $c_1=5$,车辆晚到惩罚 $c_2=5$。

2. 25 个客户点仿真结果

表 5.17 为 25 个客户点的基本数据,其中 0 号点为配送中心,坐标为(35,35)。按照上述的参数设定,使用 LITFPSO 和 PSO 分别对该组数据进行求解,并对比两种算法的仿真结果。

表 5.17 25 个客户点的基本数据

客户点	横坐标	纵坐标	需求量/kg	E_i	L_i	服务时间
0	35	35	0	0	230	0
1	40	25	21	85	95	5
2	15	60	46	0	187	5
3	45	10	54	97	107	5
4	15	10	36	0	187	5
5	57	29	50	0	197	5
6	65	35	27	0	190	5
7	55	5	58	68	78	5
8	15	19	41	0	194	5
9	64	42	26	0	190	5
10	42	7	44	97	107	5
11	61	52	56	96	106	5
12	15	77	57	73	83	5
13	2	60	48	41	51	5

第 5 章 需求可拆分的配送路径规划

续 表

客户点	横坐标	纵坐标	需求量/kg	E_i	L_i	服务时间
14	11	14	25	69	79	5
15	55	54	55	0	192	5
16	65	20	30	172	182	5
17	25	30	34	99	109	5
18	49	11	30	0	192	5
19	46	13	31	149	159	5
20	49	42	54	73	83	5
21	27	43	31	0	208	5
22	24	58	38	58	68	5
23	67	5	39	83	93	5
24	49	73	32	127	137	5
25	35	69	43	0	186	5

表 5.18 中记录了 LITFPSO 和 PSO 分别求解该组数据运算 20 次的结果,从中可以看出 LITFPSO 第 7 次运算的结果为最优解,总配送成本为 8 882.28,PSO 第 4 次运算的结果为最优解,总配送成本为 9 617.72。对比两种算法得出的最优解,可知 LITFPSO 得到的总配送成本较 PSO 减少了 735.44。从中还可以看出 PSO 独立运算 20 次的平均行驶距离为 802.23 km,平均总配送成本为 10 129.11,LITFPSO 独立运算 20 次的平均行驶距离为 800.54 km,平均总配送成本为 9 695.15。LITFPSO 得到的平均行驶距离较 PSO 减少了 1.69 km,总配送成本减少了 433.96。两种算法得到的平均行驶距离差距不大,算法优化程度小,但在总配送成本上差距较大,算法优化明显。从中可以分析出,在 SDVRPTW 问题中,行驶路程虽然对总配送成本产生了一定的影响,但主要差距是在时间窗偏离成本上。

表 5.18 LITFPSO 与 PSO 结果对比

序号	LITFPSO				PSO			
	行驶距离/km	使用车辆数	拆分次数	总配送成本	行驶距离/km	使用车辆数	拆分次数	总配送成本
1	782.79	6	5	9 508.11	844.85	6	5	9 903.57
2	741.16	6	4	9 546.47	804.93	6	4	10 019.71
3	821.73	6	5	10 053.09	756.73	6	4	10 347.90

续 表

序号	LITFPSO				PSO			
	行驶距离/km	使用车辆数	拆分次数	总配送成本	行驶距离/km	使用车辆数	拆分次数	总配送成本
4	835.65	6	4	10 013.95	786.62	6	5	**9 617.72**
5	858.52	6	5	9 984.70	780.64	6	3	9 652.31
6	766.20	6	5	9 832.74	840.46	6	4	10 225.57
7	753.51	6	3	**8 882.28**	849.30	6	5	10 562.52
8	811.19	6	5	9 839.34	798.42	6	5	9 886.65
9	800.79	6	3	9 435.83	724.48	6	4	10 134.37
10	804.00	6	5	9 884.17	759.37	6	4	9 732.60
11	794.20	6	5	9 922.42	778.34	6	5	10 325.71
12	852.61	6	4	9 835.00	866.12	6	4	10 465.68
13	753.17	6	5	9 151.40	811.61	6	4	10 228.20
14	742.88	6	3	9 454.58	756.22	6	3	9 885.56
15	752.02	6	5	9 891.19	801.23	6	5	10 245.91
16	792.64	6	5	9 609.17	851.13	6	5	10 492.34
17	845.04	6	4	9 824.81	826.29	6	5	10 336.66
18	852.14	6	5	9 846.67	818.80	6	5	9 887.35
19	748.35	6	4	9 179.26	771.64	6	4	10 454.70
20	902.14	6	3	10 207.90	817.33	6	4	10 177.20
平均值	800.54	6	—	9 695.15	802.23	6	—	10 129.11

表 5.19 为 LITFPSO 求解 25 个客户点的车辆最优配送方案。从中可以得到车辆的最优配送方案:共派出 6 辆车对客户点进行配送,其中客户点 2、15 和 21 被拆分配送;配送车辆满足满载限制,只有最后一辆车没有满载;配送车辆在客户点要求的时间窗内到达的概率为 64%。

表 5.19 LITFPSO 求解 25 个客户点的车辆最优配送方案

车辆编号	子路径以及客户点的配送量	路径长度	准点到达率/%	装载率/%
1	0—23(39)—17(34)—25(43)—24(32)—15(52)—0	195.07	60	100
2	0—15(3)—9(26)—20(54)—11(56)—16(30)—19(31)—0	150.30	50	100
3	0—6(27)—5(50)—1(21)—7(58)—10(44)—0	124.48	40	100

续表

车辆编号	子路径以及客户点的配送量	路径长度	准点到达率/%	装载率/%
4	0—18(30)—3(54)—4(36)—14(25)—8(41)—2(14)—0	146.98	83	100
5	0—2(32)—13(48)—12(57)—22(38)—21(25)—0	114.05	80	100
6	0—21(6)—0	22.63	100	3
总计行驶路径长度			753.51	
总成本			8 882.3	
总准点率			64%	

图 5.15 和图 5.16 分别是 LITFPSO 与 PSO 求得的 25 个客户点服务开始时间与该客户点要求的时间窗对比图。从中可以看出,二者均存在早到和迟到现象,PSO 求得的最优解中按规定时间服务客户点的概率为 48%,而 LITFPSO 求得的最优解中按规定时间服务客户点的概率为 64%,较 PSO 提升了 16%,证明了 LITFPSO 能够有效提升车辆服务客户点的准点率,得到更优的解。同时,进一步证明了表 5.19 中得到的结论,优化时间窗偏离成本,则能够有效地降低行驶成本。

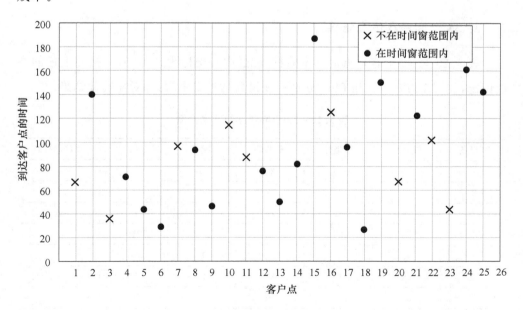

图 5.15 LITFPSO 求得的 25 个客户点服务开始时间与该客户要求的时间窗对比图

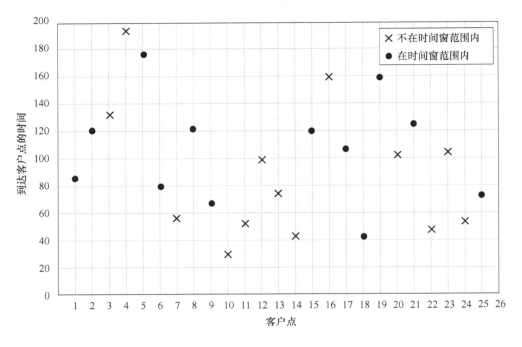

图 5.16　PSO 求得的 25 个客户点服务开始时间与该客户要求的时间窗对比图

3. 35 个客户点仿真结果

表 5.20 为 35 个客户点的基本数据,配送中心坐标为(35,35)。按照上述的参数设定,使用 LITFPSO 和 PSO 分别对该组数据进行求解,并对比实验结果。

表 5.20　35 个客户点的基本数据

客户点	横坐标	纵坐标	需求量	E_i	L_i	服务时间
1	30	60	26	124	134	5
2	31	67	52	0	187	5
3	6	38	28	32	42	5
4	55	20	38	149	259	5
5	42	7	44	97	107	5
6	60	12	27	44	54	5
7	50	35	24	0	205	5
8	53	43	43	179	189	5
9	15	10	36	0	187	5
10	49	73	32	127	137	5

续 表

客户点	横坐标	纵坐标	需求量	E_i	L_i	服务时间
11	55	60	44	97	107	5
12	36	26	37	200	210	5
13	41	37	39	0	213	5
14	55	45	30	0	197	5
15	20	20	31	0	198	5
16	2	48	24	0	184	5
17	22	22	41	18	28	5
18	30	5	29	61	71	5
19	40	25	21	85	95	5
20	10	20	35	0	190	5
21	35	17	41	0	202	5
22	17	34	34	0	201	5
23	23	3	36	0	185	5
24	15	77	57	73	83	5
25	13	52	58	0	192	5
26	37	47	57	50	60	5
27	15	19	41	0	194	5
28	63	23	21	136	146	5
29	25	21	54	0	202	5
30	45	65	60	0	188	5
31	65	35	27	0	190	5
32	40	60	21	71	81	5
33	24	12	23	31	41	5
34	31	52	58	0	202	5
35	46	13	31	149	159	5

表 5.21 中记录了 LITFPSO 和 PSO 分别求解该组数据独立运算 20 次的结果。从中可以看出 LITFPSO 第 16 次运算的结果为最优解,总配送成本为 11 813.75,PSO 第 4 次运算的结果为最优解,总配送成本为 13 325.75。对比两种算法得到的最优解,可知 LITFPSO 得到的总配送成本较 PSO 减少了 1 512。从中还可以看出 PSO 得到的平均行驶距离为 1 082.46 km,平均总配送成本为 13 988.13,而 LITFPSO 得到的平均行驶距离为 1 052.16 km,平均总配送成本为 12 692.41。

LITFPSO 得到的平均行驶距离较 PSO 减少了 30.3 km,总配送成本减少了 1 295.72。LITFPSO 相对于 PSO 而言,在行驶路径和总配送成本上都有一定的优化,但在总配送成本上的优化更加明显。因此可以得到,在 SDVRPTW 中 LITFPSO 主要通过优化时间偏离成本达到优化总配送成本的目的,与 25 个客户点的仿真结果一致。

表 5.21 LITFPSO 与 PSO 独立运算 20 次的结果对比

序号	LITFPSO				PSO			
	行驶距离/km	使用车辆数	拆分次数	总配送成本	行驶距离/km	使用车辆数	拆分次数	总配送成本
1	1 100.39	7	6	13 178.32	1 071.89	7	4	13 798.53
2	1 130.09	7	5	13 023.90	1 020.38	7	4	13 876.95
3	1 099.31	7	4	12 870.29	1 171.22	7	6	13 804.64
4	1 066.25	7	5	12 879.29	1 087.52	7	6	**13 325.75**
5	1 115.06	7	5	12 620.24	1 198.82	7	6	14 380.33
6	989.33	7	5	12 100.55	1 055.16	7	5	14 073.61
7	1 122.61	7	6	13 011.64	1 070.16	7	5	14 117.75
8	1 066.45	7	5	12 856.07	1 158.07	7	6	14 051.05
9	1 012.37	7	4	12 906.82	1 106.53	7	6	14 135.91
10	1 016.38	7	6	12 323.80	1 095.38	7	6	13 902.00
11	1 049.53	7	5	12 619.07	954.62	7	6	14 241.39
12	1 015.59	7	6	12 983.90	1 153.72	7	5	14 272.64
13	967.11	7	6	12 833.60	1 038.28	7	6	13 882.37
14	1 070.51	7	5	12 221.48	1 103.28	7	5	14 321.91
15	1 038.62	7	4	12 963.44	1 075.52	7	6	13 964.54
16	983.38	7	5	**11 813.75**	1 102.14	7	6	13 901.62
17	1 066.16	7	4	12 193.66	1 057.24	7	6	14 122.14
18	1 010.05	7	5	12 833.38	1 006.64	7	5	13 700.12
19	1 040.92	7	4	12 717.03	1 127.02	7	6	14 268.04
20	1 083.01	7	6	12 897.94	995.62	7	5	13 621.25
平均值	1 052.16	7	—	12 692.41	1 082.46	7	—	13 988.13

表 5.22 为 LITFPSO 求得的 35 个客户点的车辆最优配送方案。从中可以得到车辆的最优配送方案:共派出 7 辆车对客户点进行配送,其中客户点 2、13、21、25 和 29 被拆分配送;配送车辆满足满载限制,且在客户点要求的时间窗内到达的概率为 63%,存在早到和迟到现象。

表 5.22　LITFPSO 求得的 35 个客户点的车辆最优配送方案

车辆编号	子路径及客户点的配送量	路径长度/km	准点到达率/%	装载率/%
1	0—17(41)—33(23)—23(36)—18(29)—9(36)—20(35)—0	101.06	83.3	100
2	0—22(34)—3(28)—16(24)—34(58)—19(21)—2(35)—0	173.44	83.3	100
3	0—2(17)—10(32)—30(60)—11(44)—8(43)—25(4)—0	157.27	50.0	100
4	0—25(54)—24(57)—4(38)—35(31)—29(20)—0	173.60	40.0	100
5	0—29(34)—15(31)—27(41)—5(44)—1(26)—21(24)—0	172.58	83.8	100
6	0—21(17)—7(24)—6(27)—28(21)—31(27)—14(30)—12(37)—13(17)—0	149.50	62.5	100
7	0—13(22)—26(57)—32(21)—0	55.93	33.3	50
路程总计		983.38		
总成本		11 813.74		
总准点率		63%		

图 5.17 和图 5.18 分别是 LITFPSO 与 PSO 求得的 35 个客户点服务开始时间与该客户点要求的时间窗对比图。从中可以看出，两种算法求出了最优解均存在早到和迟到现象，PSO 求得的最优解中按规定时间服务客户点的概率为 43%，而 LITFPSO 求得的最优解中按规定时间服务客户点的概率为 63%，较 PSO 提升了 20%，说明 LITFPSO 能够有效提升车辆服务客户点的准点率，得到更优的解。

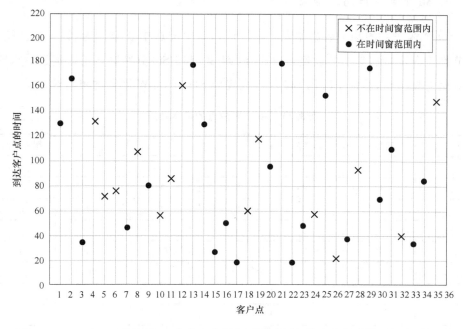

图 5.17　LITFPSO 求得的 35 个客户点服务开始时间与该客户要求的时间窗对比图

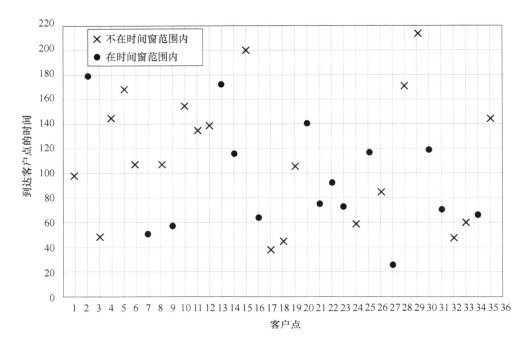

图 5.18 PSO 求得的 35 个客户点服务开始时间与该客户要求的时间窗对比图

4. 50 个客户点仿真结果

50 个客户点的基本数据如表 5.23 所示，其中配送中心坐标为(35,35)。按照本节算法以及数据集参数设定，使用 LITFPSO 和 PSO 分别对该组数据进行求解，并对比仿真结果，验证 LITFPSO 求解大规模 SDVRPTW 问题的可行性。

表 5.23　50 个客户点的基本数据

客户点	横坐标	纵坐标	需求量	E_i	L_i	服务时间
0	35	35	0	0	230	0
1	41	49	36	0	204	5
2	15	47	34	0	196	5
3	13	52	58	0	192	5
4	67	5	39	83	93	5
5	22	22	41	18	28	5
6	12	24	37	0	194	5
7	55	20	38	149	259	5
8	14	37	22	0	198	5

续 表

客户点	横坐标	纵坐标	需求量	E_i	L_i	服务时间
9	30	60	26	124	134	5
10	24	58	38	58	68	5
11	49	42	54	73	83	5
12	65	55	38	0	183	5
13	37	31	28	95	105	5
14	65	20	30	172	182	5
15	53	43	43	179	189	5
16	53	12	28	130	140	5
17	45	65	60	0	188	5
18	2	48	24	0	184	5
19	24	12	23	31	41	5
20	15	60	46	0	187	5
21	35	17	41	0	202	5
22	10	20	35	0	190	5
23	20	65	49	67	77	5
24	47	47	53	0	203	5
25	49	73	32	127	137	5
26	25	24	42	0	205	5
27	44	17	34	0	199	5
28	16	22	25	0	196	5
29	26	27	32	0	207	5
30	55	60	44	97	107	5
31	57	68	57	0	180	5
32	32	12	34	0	196	5
33	35	69	43	0	186	5
34	61	52	56	96	106	5
35	21	24	43	0	202	5
36	19	21	49	0	198	5
37	36	26	37	200	210	5
38	40	25	21	85	95	5
39	11	14	25	69	79	5
40	55	45	30	0	197	5

续表

客户点	横坐标	纵坐标	需求量	E_i	L_i	服务时间
41	30	25	51	159	169	5
42	20	26	37	83	93	5
43	46	13	31	149	159	5
44	37	47	57	50	60	5
45	26	52	35	74	84	5
46	45	30	48	0	208	5
47	26	35	23	0	211	5
48	5	5	29	83	93	5
49	4	18	54	0	184	5
50	23	3	36	0	185	5

表 5.24 中记录了 LITFPSO 和 PSO 分别求解该组数据独立运算 20 次的结果。从中可以看出 LITFPSO 第 4 次运算的结果为最优解,总配送成本为 17 890.84,而 PSO 第 19 次运算的结果为最优解,总配送成本为 20 093.75。对比两种算法得到的最优解,可知 LITFPSO 得到的总配送成本较 PSO 减少了 2 202.91。从中还可以看出 PSO 得到的平均行驶距离为 1 672.51 km,平均总配送成本为 22 190.90,而 LITFPSO 得到的平均行驶距离为 1 507.76 km,平均总配送成本为 18 665.06。LITFPSO 得到的平均行驶距离较 PSO 减少了 164.75 km,总配送成本减少了 3 525.84。与 25 个客户点仿真以及 35 个客户点仿真结果相同,LITFPSO 相对于 PSO,在行驶路径和总配送成本上都有一定的优化,但在总配送成本上的优化效果更加明显。

表 5.24 LITFPSO 与 PSO 独立运算 20 次的结果对比

序号	LITFPSO				PSO			
	行驶距离/km	使用车辆数	拆分次数	总配送成本	行驶距离/km	使用车辆数	拆分次数	总配送成本
1	1 415.64	10	7	18 210.74	1 603.74	10	8	20 880.92
2	1 531.97	10	9	19 011.05	1 684.96	10	9	21 983.34
3	1 533.19	10	7	18 825.87	1 696.15	10	9	21 750.96
4	1 439.09	10	8	**17 890.84**	1 720.05	10	9	21 744.66
5	1 479.75	10	7	18 419.65	1 530.56	10	9	21 818.07
6	1 555.98	10	7	18 350.92	1 642.27	10	7	22 048.69

续表

序号	LITFPSO				PSO			
	行驶距离/km	使用车辆数	拆分次数	总配送成本	行驶距离/km	使用车辆数	拆分次数	总配送成本
7	1 539.58	10	9	19 137.09	1 740.17	10	9	21 874.57
8	1 606.87	10	9	19 654.53	1 701.25	10	9	22 070.73
9	1 478.24	10	8	18 269.23	1 686.28	10	6	29 686.14
10	1 482.24	10	8	18 401.39	1 605.83	10	5	21 930.53
11	1 465.10	10	8	19 395.70	1 613.67	10	9	22 057.91
12	1 497.93	10	8	18 192.06	1 634.85	10	9	21 233.29
13	1 392.36	10	8	18 222.43	1 626.36	10	8	21 758.03
14	1 620.73	10	9	19 125.29	1 617.08	10	8	21 920.60
15	1 575.46	10	5	18 955.09	1 687.82	10	7	21 813.07
16	1 482.32	10	6	18 983.78	1 683.15	10	8	21 944.77
17	1 490.42	10	8	18 326.89	1 669.16	10	8	21 902.24
18	1 525.33	10	9	19 077.18	1 742.32	10	7	21 759.76
19	1 453.79	10	6	18 152.02	1 737.40	10	8	**20 093.75**
20	1 589.12	10	8	18 699.34	1 827.03	10	9	23 546.04
平均值	1 507.76	10	—	18 665.06	1 672.51	10	—	22 190.90

表 5.25 为 LITFPSO 求得的 50 个客户点的车辆最优配送方案。从中可以得到车辆的最优配送方案：共派出 10 辆车对客户点进行配送，其中客户点 1、3、21、32、35、40、44 和 47 被拆分配送；配送车辆满足满载限制，且在客户点要求的时间窗内到达的概率为 62%；与之前算例仿真结论相同，均存在早到和迟到现象。

表 5.25 LITFPSO 求得的 50 个客户点的车辆最优配送方案

车辆编号	子路径以及客户点的配送量	路径长度/km	准点到达率/%	装载率/%
1	0—26(42)—11(54)—30(44)—17(60)—0	106.64	50.0	100
2	0—29(32)—39(25)—36(49)—38(21)—34(56)—47(17)—0	146.01	50.0	100
3	0—47(6)—10(38)—45(35)—25(32)—24(53)—35(36)—0	148.15	50.0	100
4	0—35(7)—5(41)—23(49)—42(37)—48(29)—50(36)—32(1)—0	181.93	71.4	100
5	0—32(33)—19(23)—27(34)—13(28)—46(48)—3(34)—0	142.16	83.3	100
6	0—3(24)—2(34)—20(46)—33(43)—9(26)—44(27)—0	105.35	66.6	100
7	0—44(30)—18(24)—49(54)—6(37)—15(43)—40(12)—0	157.62	83.3	100

续表

车辆编号	子路径以及客户点的配送量	路径长度/km	准点到达率/%	装载率/%
8	0—40(18)—12(38)—43(31)—16(28)—14(30)—7(38)—1(17)—0	161.53	57.2	100
9	0—1(19)—31(57)—4(39)—41(51)—21(34)—0	173.35	80.0	100
10	0—21(7)—28(25)—22(35)—37(37)—8(22)—0	116.35	80.0	63
	路程总计	1 439.09		
	总成本	17 890.84		
	总计	62%		

图 5.19 和图 5.20 分别是 LITFPSO 与 PSO 求得的 50 个客户点服务开始时间与该客户点要求的时间窗对比图。与前两组仿真实验结论相同,两种算法求出的最优配送方案均存在早到和迟到现象,并且 LITFPSO 求得的最优配送方案中按规定时间服务客户点的概率为 62%,比 PSO 提高了 6%,进一步验证了前两组仿真实验得出的结论,证明了 LITFPSO 可以有效降低时间偏离成本,达到优化总配送成本的目的。

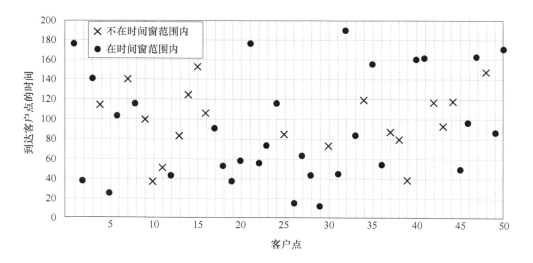

图 5.19 LITFPSO 求得的 50 个客户点服务开始时间与该客户点要求的时间窗对比图

通过分析以上三组不同规模客户点测试集的仿真结果,可以得出以下结论。

(1) PSO 与 LITFPSO 均能有效地求解小规模和大规模的 SDVRPTW 问题,并且通过实验证明,LITFPSO 能求解出更优的解,算法优化能力强。

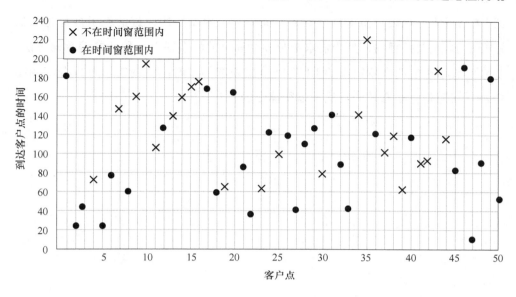

图 5.20 PSO 求得的 50 个客户点服务开始时间与该客户要求的时间窗对比图

（2）对比两种算法的仿真结果，LITFPSO 的解比 PSO 的解在车辆数目上并无明显减少，但是在行驶路程和总配送成本上有一定的优化。LITFPSO 可以有效地减少车辆的行驶成本，大幅度减少配送过程中产生的客户点的等待成本和迟到成本，进而降低配送成本。并且，从表 5.18 中可以看出在行驶路程优化程度较小的情况下，总配送成本却有明显的优化。因此，可以分析得出，在 SDVRPTW 问题中行驶路程的长短并不能对总配送成本起决定性作用，还需要综合考虑时间窗偏离成本的影响。优化时间窗偏离成本，可以更有效地降低总配送成本，从而得到更好的配送方案。

（3）从三种规模的仿真实验可以看出，需求拆分在客户需求量较大或者客户点较多的情况下更能够节省成本，并且随着客户点规模的增大，LITFPSO 比 PSO 的优化效果更明显。

5.5 本章小结

本章研究了需求可拆分的车辆路径规划问题及其带时间窗的衍生问题，构建了满足车辆满载约束及所有客户点需求的最短行驶路径模型，并提出了"双时间线"策略以更好地表示需求拆分点的时间要求。模型采用改进的粒子群优化算法进行求解,尤其是根据模型中需求拆分和时间窗的特点提出一种新的编解码方法。仿真实验结果表明本章提出的 LITFPSO 用来求解带时间窗的需求可拆分车辆路径规划问题是完全有效的且优于以往算法的。

第 6 章
车辆-无人机组合配送

"最后一公里配送",即从末端配送节点到客户手中的货物运输和交付服务环节,通常被认为是物流系统中最复杂、成本最高的任务之一,其成本在快递行业占总成本的 50% 以上。电子商务行业的激烈竞争也使"最后一公里配送"的环境和操作复杂性不断增加,交通拥堵、环保要求、山地河湖等特殊地理条件都是需要考虑的问题,而无人机配送的出现为解决此类问题提供了新的方案。由于无人机受载荷、飞行距离和续航时间的限制,难以独立完成批量配送任务,因此车辆-无人机组合配送成为一种更可行的方式。本章针对山区等特殊场景的配送问题,研究车辆-无人机配送网络、组合配送模型和算法,为解决山区电商物流"最后一公里"配送、车辆-无人机组合配送调度等问题提供新的思路。

6.1 无人机配送

6.1.1 无人机配送发展现状

我国地域空间辽阔,地区发展差距较大,物流服务场景复杂,加之近年来快递物流业务量呈爆发式增长,传统的投递方式难以满足日益增长的服务需求,给末端配送带来了极大的压力。

随着无人机技术的不断发展与成熟,这一技术在农业、能源、军事、应急管理及环境保护等领域的应用也愈加广泛与深入。同时,无人机配送所具备的速度快、体积小、成本低、环境适应力强等诸多优点同现代物流所追求的信息化、智慧化、系统集成、高效快捷的目标不谋而合,因此,无人机在物流领域的应用也受到了国内外各大企业和研究人员的重视。

近年来,我国对物流无人机的研究与应用取得了喜人的进展与突破。2014年7月,我国推出的《低空空域使用管理规定(试行)》中,针对无人机空域划设、空域准入使用、飞行计划审批报备等均进行了明确的要求。这一法规一方面使得民用无人机飞行得以合法化,另一方面也对无人机投入商业化应用提出了更高要求。2017年10月,民航华东地区无人机物流配送应用试点项目在江西赣州南康区正式启动,这是经民航局批复的全国首个无人机物流配送试点项目。2019年7月22日,中国民航局下发《关于同意扩大无人机物流配送应用试点范围的通知》,将试点范围从江西赣州南康区进一步扩大到四川、云南等地的部分地区,这也意味着政策对于物流无人机规模化使用的支持。截至2022年底,民航局共批准了6个特定类无人机试点项目,批准了17个民用无人驾驶航空试验区和3个试点基地。

然而,由于受到续航、载荷能力等因素的制约,将无人机独立运用到实际配送活动中会受到比较大的限制。基于此,有学者提出了无人机与车辆的组合配送模式,将车辆作为无人机发射和降落的载体,配备无人机发射、回收、充换电等相关设备。车辆既是货物的存储点,也是无人机的可移动机场,能够运动到靠近客户的位置,从而使配送区域的客户点分布在无人机飞行半径内。车辆作为无人机载体的同时,也承担部分配送任务,有利于综合车辆与无人机的优势,最大化配送效率。

车辆-无人机组合配送模式能够适应各种复杂场景下的配送服务要求,有效提高了物流配送效率,也更加适合我国物流配送的发展需求,尤其对于山区等复杂的配送环境展现出了其特有优势。

6.1.2　车辆-无人机组合配送运行模式

车辆-无人机组合配送运行模式主要可分为以下几类。

1. 车辆支持无人机的运行模式

在这一运行模式中,车辆作为辅助工具支持无人机完成作业。即车辆搭载无人机从配送中心出发,行驶至无人机飞行半径内,发射无人机,由无人机执行配送任务。无人机每次重返车辆时进行充电,车辆只作为无人机运载工具,由无人机完成全部的包裹配送任务。车辆支持无人机的运行模式如图 6.1 所示。

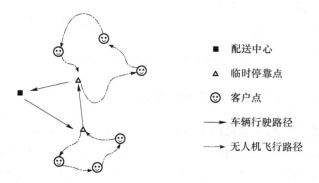

图 6.1　车辆支持无人机的运行模式

2. 无人机支持车辆的运行模式

在无人机支持车辆的运行模式中,车辆作为主要运输工具,而无人机仅用于辅助,往返于配送中心与车辆之间,为车辆运送货物而不参与实际交付工作。无人机支持车辆的运行模式如图 6.2 所示。

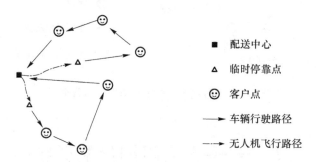

图 6.2　无人机支持车辆的运行模式

3. 车辆与无人机相互独立的运行模式

在车辆与无人机相互独立的运行模式中,配送系统只需要将任务分配给车辆和无人机,它们可以分别独立执行配送任务。车辆不参与无人机的作业过程,即车辆不作为无人机的仓库或充电站,车辆与无人机分别独立进行包裹的配送与交付。车辆与无人机相互独立的运行模式如图 6.3 所示。

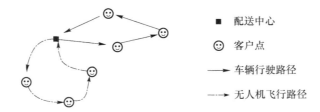

图 6.3　车辆与无人机相互独立的运行模式

4. 车辆与无人机相互辅助的运行模式

在车辆与无人机相互辅助的运行模式中,车辆既作为移动仓库及无人机的起降点和充电站,也和无人机一起承担配送交付任务。无人机发出进行配送时,车辆无需在原地等待,直接前往下一客户点执行配送任务。无人机在完成配送后前往指定临时停靠点与车辆汇合,由车辆搭载无人机返回配送中心。这种模式下,车辆不仅可以在临时停靠点处等待无人机返回,也可以沿着路线运送和拾取无人机,从而为路线上更广阔的区域提供服务。车辆与无人机相互辅助的运行模式如图 6.4 所示。

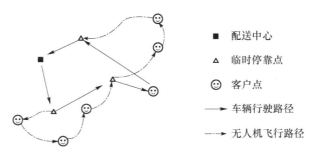

图 6.4　车辆与无人机相互辅助的运行模式

6.2　车辆-无人机组合配送模型

6.2.1　车辆-无人机组合配送网络

在传统电商物流配送环节中,"最后一公里"包裹交付活动多由车辆及配送人员来完成,车辆携带配送包裹前往指定片区,再由配送人员完成最终的包裹交付任务。然而,在某些特殊场景下,如偏远山区、基础交通条件相对较差的地区,这种配送方式需要耗费大量的时间,且配送流程较长,对于某些特殊商品,如生鲜类对于配送时效要求相对较高,长时间的配送容易导致包裹内产品变质,产品质量降低,不利于提高客户满意度,也不利于偏远地区电商物流的发展。针对这一系列问题,随着无人机技术的发展与成熟,部分学者提出了将无人机用于末端配送作业中,但由于燃料、荷载、飞行距离等技术的限制,在实际情况中,无人机仍无法独立完成配送任务,基于此,将具备容量大、行驶距离远等优势的车辆与无人机的高效率组合起来,进行末端物流配送能够达到节约配送时间与成本的目的,因此,对于某些场景需要的车辆-无人机组合配送的配送系统,合理布局配送中心并选取临时停靠点,规划最优配送路径和配送策略,从而满足客户需求是十分必要的。

本节构建了基于车辆-无人机组合配送模式的三级山区电商物流配送网络,整个配送网络由一个配送中心、若干临时停靠点和若干客户点构成。其中,一级配送是指从配送中心到临时停靠点的第一层路径问题,由搭载无人机的车辆完成,车辆携带无人机行驶至临时停靠点并发射无人机;二级配送是指从临时停靠点到客户点的第二层路径问题,由车辆与无人机完成。在二级配送中,车辆与无人机均参与包裹的配送交付任务,车辆搭载无人机行驶至临时停靠点,并在此发射无人机,无人机执行完全部配送任务后,返回车辆充电或更换电池;期间,车辆无需原地等待,而是前往其他客户点执行配送任务。基于车辆-无人机组合配送模式的三级山区电商物流配送网络结构如图 6.5 所示。

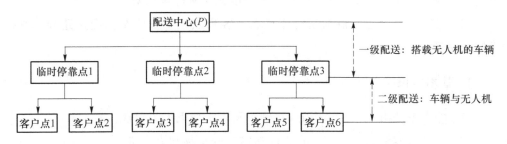

图 6.5 基于车辆-无人机组合配送模式的三级山区电商物流配送网络结构

6.2.2 车辆-无人机组合配送模型构建

1. 问题描述

将车辆-无人机组合配送问题视作一个三级网络,由一个配送中心(P)、s 个临时停靠点(S)及 k 个客户点(K)构成。其中,配送中心 P 到临时停靠点 S 为第一层车辆路径问题,临时停靠点 S 到客户点 K 为第二层车辆路径问题。车辆携带无人机从配送中心出发,按照一定路径选择临时停靠点停靠并释放无人机,无人机完成装货后,按照一定路径飞往客户点进行配送。此时,车辆前往下一客户点实施配送。在系统分配给无人机的全部配送任务完成后,无人机将自动按规划路线返回车辆所在地,搭载车辆返回配送中心或继续完成配送任务。

山区电商物流配送由于配送链条长、需求分散导致配送时效低,且部分地区需要客户前往指定地点自取包裹,缺乏便捷性。车辆-无人机组合配送模式能够充分发挥车辆及无人机各自优势,提高山区包裹配送交付时效,提升山区客户物流配送满意度。

本模型以车辆等待无人机返回的时间、第一级车辆运输时长、第二级车辆和无人机配送时长以及包裹签收时长的总时长最短为目标,进行车辆-无人机组合配送路径规划,确定最优配送路径。车辆-无人机组合配送策略研究中包括以下三个方面的内容:

(1) 临时停靠点选址问题。从备选的临时停靠点中选择停车点、无人机发出及收回点。

(2) 订单分配问题。综合考虑订单包裹数量、无人机承载量、订单包裹所占用的空间大小、配送距离等因素对订单进行分批处理,首先将订单分成不同批次,选择出由车辆进行配送的客户订单,其余部分由无人机进行配送。

(3) 路径优化问题。根据临时停靠点及客户点位置优化车辆配送路径、无人机配送路径。

2. 基本假设

(1) 配送系统由一个配送中心、多辆车及若干架无人机组成。

(2) 车辆可容纳满足全部客户点配送需求的货物和无人机。

(3) 包裹尺寸已知且包裹体积小于无人机最大容积,包裹质量小于无人机最大荷载量。

(4) 订单信息全部已知。

(5) 携带无人机的配送车辆型号一致,无人机型号一致,每次返回车辆后电池充电或换电至满电状态。

(6) 所有客户点到其最近临时停靠点的距离均小于无人机最大航程的一半。

(7) 一辆配送车辆可以携带并同时发射有限架次无人机进行配送;同一客户点仅能由一种配送工具配送,即由车辆或无人机一次性完成包裹配送交付。

（8）车辆与无人机均可为多个客户进行配送，无人机完成全部配送后需返回车辆。

（9）临时停靠点满足无人机发射回收条件。

3. 模型符号及决策变量

该模型中用到的相关符号及含义如下。

P：配送中心集合。

S：临时停靠点集合，$S=\{1,2,\cdots,s\}$。

K：客户点集合，$K=\{1,2,\cdots,k\}$。

K_c：无人机由于载重和里程限制无法访问，由车辆实施配送的客户点集合。

K_d：无人机可访问的客户点集合。

C：车辆集合，$C=\{1,2,\cdots,c\}$。

D：无人机集合，$D=\{1,2,\cdots,d\}$。

G_c：搭载无人机的车辆运载能力，$c\in C$。

H_d：无人机运载能力，$d\in D$。

I_k：每个最终客户的包裹配送量，$k\in K(I_k<H_d)$。

$L_{d\max}$：无人机最远飞行距离，$d\in D$。

l_{ij}：节点 i 至节点 j 的直线距离。

b_s：车辆离开临时停靠点的时间，$s\in S$。

a_s：车辆到达临时停靠点的时间，$s\in S$。

s_1：无人机在临时停靠点 s 的发射点。

s_2：无人机在临时停靠点 s 的回收点。

该模型中用到的决策变量如下。

$$x_{ij}=\begin{cases}1,&\text{搭载无人机的车辆在第一级路径中，先服务节点 }i\text{，再服务节点 }j\\0,&\text{其他}\end{cases}$$

$$y_{ij}=\begin{cases}1,&\text{车辆、无人机在第二级路径中，先服务节点 }i\text{，再服务节点 }j\\0,&\text{其他}\end{cases}$$

$$z_{sk}=\begin{cases}1,&\text{客户 }k(k\in K)\text{被指派给在临时停靠点 }s(s\in S)\text{停车的车辆}\\0,&\text{其他}\end{cases}$$

$$u_s=\begin{cases}1,&\text{车辆选择在临时停靠点 }s(s\in S)\text{停车}\\0,&\text{其他}\end{cases}$$

$$n_c = \begin{cases} 1, & \text{车辆 } c(c \in C) \text{ 被使用} \\ 0, & \text{其他} \end{cases}$$

$$n_d = \begin{cases} 1, & \text{无人机 } d(d \in D) \text{ 被使用} \\ 0, & \text{其他} \end{cases}$$

$$Q_{ij} = \begin{cases} 1, & \text{车辆 } c(c \in C) \text{ 从节点 } i \text{ 到节点 } j \text{, 当服务完 } i \text{ 后路径中需要的配送量} \\ 0, & \text{其他} \end{cases}$$

$$R_{ij} = \begin{cases} 1, & \text{无人机 } d(d \in D) \text{ 从节点 } i \text{ 到节点 } j \text{, 当服务完 } i \text{ 后路径中需要的配送量} \\ 0, & \text{其他} \end{cases}$$

4. 模型建立

基于问题描述和变量定义,构建下述模型,其中,配送总时长 T 由四部分构成,包括车辆等待无人机返回的时间 T_1、第一级车辆运输时长 T_2、第二级车辆和无人机配送总时长 T_3 以及包裹签收时长 T_e,即

$$T = T_1 + T_2 + T_3 + T_e$$

其中:

$$T_1 = \sum_{i \in P \cup S} \sum_{s \in S} (b_{si} - a_{si}), \quad T_2 = \sum_{i \in P \cup S} \sum_{s \in S} \frac{D_{PSi}}{V_c}, \quad T_3 = \sum_{i \in K \cup S} \sum_{s \in S} \left(\frac{D_{SKi}}{V_d} + \frac{D_{SKi}}{V_d} \right)$$

$$T = \sum_{i \in P \cup S} \sum_{s \in S} (b_{si} - a_{si}) + \left(\sum_{i \in P \cup S} \sum_{s \in S} \frac{D_{PSi}}{V_c} + \sum_{i \in K \cup S} \sum_{s \in S} \left(\frac{D_{SKi}}{V_d} + \frac{D_{SKi}}{V_d} \right) \right) + T_e$$

(6-1)

其中,D_{PS} 为配送中心到临时停靠点的距离,D_{SK} 为临时停靠点到客户点的距离,V_c、V_d 分别为车辆和无人机的速度。

约束条件:

$$\sum_{c \in C} \sum_{d \in D} \sum_{k \in K} y_{ij} \geqslant 1, \quad i,j \in S \cup K \tag{6-2}$$

$$\sum_{s \in s_1} x_{ijc} = \sum_{s \in s_2} x_{ijc} \leqslant 1, \quad i,j \in S \cup K, c \in C \tag{6-3}$$

$$\sum_{c \in C} \sum_{i \in S \cup K} \sum_{j \in K_c} y_{ijc} + \sum_{d \in D} \sum_{i \in S \cup K} \sum_{j \in K_d} y_{ijd} = 1 \tag{6-4}$$

$$\sum_{j \in S \cup K} R_{ij} - \sum_{j \in S \cup K} R_{ji} = I_k \tag{6-5}$$

$$\sum_{i \in P} \sum_{j \in S \cup K} Q_{ij} - G_c \leqslant 0, \quad c \in C \tag{6-6}$$

$$\sum_{i \in P} \sum_{j \in S \cup K} R_{ij} - H_d \leqslant 0, \quad d \in D \tag{6-7}$$

$$n_d \times l_{0i} \leqslant \frac{l_{d\max}}{2}, \quad i \in \{1,2,\cdots,N\} \tag{6-8}$$

$$x_{ij} \in \{0,1\}, \quad \forall i,j \in S \cup P \tag{6-9}$$

$$y_{ij} \in \{0,1\}, \quad \forall i,j \in S \cup K \tag{6-10}$$

$$z_{sk} \in \{0,1\}, \quad \forall s \in S, k \in K \tag{6-11}$$

$$u_s \in \{0,1\}, \quad \forall s \in S \tag{6-12}$$

$$n_c \in \{0,1\}, \quad \forall c \in C \tag{6-13}$$

$$n_d \in \{0,1\}, \quad \forall d \in D \tag{6-14}$$

其中,式(6-1)是目标函数,包括车辆等待无人机返回的等待时间、第一级车辆运输时长、第二级车辆和无人机配送时长以及包裹签收时长;式(6-2)保证所有客户点均被服务;式(6-3)保证所有基本配送单元实现首尾相连,即车辆、无人机行驶路径形成一个闭合回路;式(6-4)保证每个客户点只能单次被服务;式(6-5)保证送货量可以满足全部客户点需求;式(6-6)为车辆最大载容量限制;式(6-7)为无人机最大载容量限制;式(6-8)为无人机最远飞行距离限制;式(6-9)~式(6-14)为变量的约束条件。

6.3 车辆-无人机组合配送求解算法

6.3.1 算法基本流程

车辆-无人机组合配送本质上属于多车型车辆的路径规划问题,其模型基于三级配送网络构建,模型求解包括第一级配送网络临时停靠点的选择、二级配送网络客户点的分配以及车辆与无人机配送路径的优化。因此,本节参考选址-路径问题中的两阶段求解方法对模型进行求解。

模型求解的第一阶段,基于 K-means 聚类算法求解临时停靠点位置选择问题。首先将全部客户点按照其坐标数据进行聚类,划分为 S 个簇,并确定聚类中心,聚类中心即为三级配送网络中第一级的临时停靠点。

模型求解的第二阶段,在 K-means 聚类的基础上,利用遗传算法求解客户点分派(订单分派)、无人机飞行路径及车辆配送路径。两阶段求解算法基本流程如图 6.6 所示。

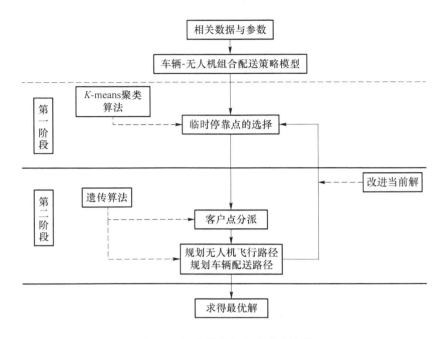

图 6.6 两阶段求解算法基本流程

6.3.2 临时停靠点选择

采用聚类算法与路径规划相结合的思路解决车辆-无人机组合配送的路径规划问题。通过 K-means 聚类将所有配送客户点进行区域划分,从而确定第一级车辆运输中的临时停靠点。在现实场景中,客户分布点大多呈局部聚集的情况,由此可以根据聚类形成的区域信息选择临时停靠点,并对车辆行驶路径进行规划,降低多级车辆路径求解的问题规模。

K-means 算法是无监督的聚类算法,通过将给定样本集按照给定约束划分为 S 个簇,此处采用客户点的位置坐标数据进行聚类划分,具体做法如下。

首先从客户点位置坐标数据集中随机抽取 S 个样本,作为初始聚类时各簇的类中心点 $Z_i(1 \leqslant i \leqslant s, i$ 为整数),计算其余样本点与各聚类中心的欧氏距离,将样本标记为距离最近的样本中心 Z_i 所属的类别,并将数据对象分配到聚类中心 Z_i 所对应的簇中。

然后计算每个簇中样本点的平均值,并将其作为新的聚类中心,进行下一次迭代,直到聚类中心不再变化或达到最大迭代次数。空间中客户点与聚类中心间的欧氏距离计算公式为其中，k 为数据集所包含的客户点坐标；Z_i 为第 i 个簇的类中心；m 为样本数据的维度；k_j、Z_{ij} 分别为样本 k 和中心点 Z_i 的第 j 个属性值。数据集的误差平方和（SSE）计算公式为

$$d(k, Z_i) = \sqrt{\sum_{j=1}^{m}(k_j - Z_{ij})^2}$$

$$\text{SSE} = \sum_{i=1}^{s}\sum_{x \in Z_i}|d(k, Z_i)|^2$$

其中，SSE 的大小表示聚类结果的好坏；s 为簇的个数。

对于每个样本 X_i，将其标记为距离样本中心 Z_i 最近的类别，公式如下：

$$X_i = \arg\min_{1 \leq j \leq s} \|x_i - z_i\|$$

假定 s 个簇的中心为 $S_1, S_2, \cdots, S_s$，且各簇的样本数量为 $M_1, M_2, \cdots, M_s$。使用平方误差作为误差函数，即

$$J(S_1, S_2, \cdots, S_s) = \frac{1}{2}\sum_{j=1}^{s}\sum_{i=1}^{M_j}(x_i - S_j)^2$$

将该函数作为目标函数，使用梯度下降法求该函数的最小值，则驻点为

$$\frac{\partial J}{\partial S_j} = -2\sum_{i=1}^{S_j}(x_i - S_j) \xrightarrow{\diamondsuit} 0 \Rightarrow S_j = \frac{1}{M_j}\sum_{i=1}^{M_j}x_i$$

由此可以看出，当聚类中心为各簇中样本点的均值时，损失函数最小。

6.3.3 遗传算法求解无人机路径

遗传算法在求解复杂优化问题中展现出强大的搜索能力，并广泛应用于路径规划、任务分配等研究中，因此本节采用改进的遗传算法求解无人机路径。

(1) 染色体编码。采用实数直接编码，预设配送车辆数为 d，配送点数量为 K，则染色体总长为 $K+d-1$ 位，随机生成 $1 \sim K+d-1$ 个互不重复的自然数的排列，该排列构成一个个体，$1 \sim K$ 为客户配送点，$K+1 \sim K+m-1$ 将染色体分为 d 个子串，作为 d 条配送路径。

(2) 种群初始化。通过在工作区域内随机初始化的方式，保证产生的初始种群都在工作范围内，并且使得初始化染色体具有相等的长度。随机产生多组乱序的 $1 \sim K+d-1$ 序列作为遗传算法的初始种群。

(3) 适应度函数。遗传算法通过搜索种群中每个个体的适应度值进行迭代计算，而适应度值的选取也影响着收敛速度，并最终决定能否找到最优解。此处所求

解的问题为最小化问题,适应度函数由目标函数转化而成,公式如下:

$$\text{Fit}(f) = \min(T)$$

根据车辆和无人机配送方案,计算车辆使用成本、无人机使用成本、车辆等待无人机返回的等待成本、第一级运输成本、第二级配送成本之和,作为适应度函数。适应度函数值越低,个体越优。

遗传算法求解流程如下。

(1) 染色体编码:采用实数编码,预设配送车辆数为 d、配送点数量为 K,则染色体总长为 $K+d-1$ 位,随机生成 $1 \sim K+d-1$ 个互不重复的自然数的排列,该排列构成一个个体,$1 \sim K$ 为客户配送点,$K+1 \sim K+m-1$ 将染色体分为 d 个子串,作为 d 条配送路径。

(2) 种群初始化:随机产生多组乱序的 $1 \sim K+d-1$ 序列作为遗传算法的初始种群。

(3) 适应度函数:根据车辆和无人机配送方案,计算车辆使用成本、无人机使用成本、车辆等待无人机返回的等待成本、第一级运输成本、第二级配送成本之和,作为适应度函数;适应度函数值越低,个体越优。

(4) 判断迭代次数 Iteration 是否超过最大迭代次数 max,若是,则跳转至(8);若否,则进行(5)。

(5) 选择:采用排序选择法(RS),对所有个体按适应度函数进行降序排列,用排序最优的 n 个个体替代最差的 n 个个体。

(6) 交叉:采用部分匹配法(PMX),选取两个父代个体,随机选择两个交叉点,对交叉点之间的染色体进行对应位置的互换,同时,为了避免重复,一次性将剩余的点按顺序依次放入染色体的对应位置。

(7) 变异:采用简单倒立变异法(SIM),随机选取两个变异点,对两点之间的基因串倒立,返回(3)。

(8) 提取最优个体,算法结束。

6.3.4 车辆-无人机组合配送优化策略

1. 配送客户点分组

根据每个配送客户点的位置坐标数据,基于 K-means 聚类算法将所有客户点分为多组,并确定聚类中心,聚类中心作为车辆临时停靠点(假设所有临时停靠点均符合无人机发射及回收条件,暂不考虑政策因素),并保持每组客户点配送的先后顺序不变。

2. 确定每组的最优配送单元

将配送客户点分成基本配送单元,分别计算每个基本配送单元的配送时长 T (无人机配送情景下的成本 T_d,车辆配送情境下的成本 T_c),选择成本最低的配送单元进行客户点与配送工具的分配。其中,无人机配送客户点的判定条件如下。

客户点 k 由车辆配送的时长为

$$T_c = \frac{D_{SK}}{V_c}$$

客户点 k 由无人机配送的时长为

$$T_d = \frac{D_{SK}}{V_d}$$

客户点 k 由无人机配送成立的判定条件为

$$T_c - T_d > 0$$

即

$$\frac{D_{SK}}{V_c} - \frac{D_{SK}}{V_d} > 0$$

3. 寻找最优路径

从起点 n_0 开始,记 $t_0 - k_i$ 的最小时长为 $T_{0i} = \min(T_{0i}, T_{01} + T_{1i})$,$n_0 - k_i$ 的最优路径为 P_{0i}。以 $n_0 - n_2$ 为例,n_0 至 n_2 的最小成本为 $T_{02} = \min(T_{02}, T_{01} + T_{12})$,若 $T_{02} \leq T_{01} + T_{12}$,则 n_0 至 n_2 的最优路径为 $P_{02} = \{n_0, n_2\}$;否则,n_0 至 n_2 的最优路径为 $P_{02} = \{P_{01}, n_2\}$。依此类推,得到最终配送路径。最优路径(配送时间最短)示意图如图 6.7 所示。

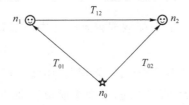

图 6.7 最优路径示意图

6.3.5 仿真实验

仿真实验选用标准 CVRP 实例库 Set A 中的问题 A-n33-k5 为基础数据进行测试，其中包含一个配送中心和 32 个客户点，实验目的是进行车辆-无人机组合配送策略优化，给出优化配送策略，降低配送成本。

序号 1 为配送中心，编号 2~33 为客户点。具体数据如表 6.1 所示。

表 6.1 客户点位置坐标及需求量信息表

序号	位置坐标	需求量	序号	位置坐标	需求量
1	(35,50)	0	18	(56,3)	24
2	(17,27)	5	19	(15,77)	13
3	(26,81)	23	20	(58,67)	14
4	(65,39)	14	21	(23,43)	8
5	(32,33)	13	22	(62,26)	10
6	(36,77)	8	23	(47,62)	19
7	(42,54)	18	24	(52,36)	14
8	(8,3)	19	25	(32,73)	13
9	(2,14)	10	26	(39,7)	14
10	(47,17)	18	27	(17,8)	2
11	(48,13)	20	28	(26,18)	23
12	(53,62)	5	29	(58,74)	15
13	(39,27)	9	30	(19,67)	8
14	(7,24)	23	31	(42,7)	20
15	(11,48)	9	32	(26,54)	24
16	(54,52)	18	33	(7,48)	3
17	(65,60)	10			

根据配送中心及客户点的坐标数据得到配送中心及客户点分布情况，如图 6.8 所示。

求解过程中所使用的车辆行驶速度设定为 40 km/h，最大载重 1 250 kg；无人机飞行速度 54 km/h，最大载重 12 kg，最大续航里程 20 km。

首先，采用 K-means 聚类算法对全部配送客户点进行区域划分，并确定聚类中心，即临时停靠点位置。然后，采用遗传算法对车辆-无人机组合配送模式中第二级配送路径进行规划分析，遗传算法的初始种群大小 $S=100$，交叉概率 $P_{cross}=$

0.7,变异概率 $P_{mutate}=0.1$,最大迭代次数 $imutation_{max}=400$。遗传算法参数设置如表 6.2 所示。

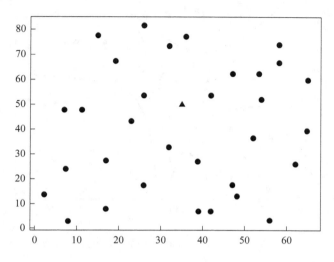

图 6.8 配送中心及客户点分布情况

表 6.2 遗传算法参数设置

初始种群 S	交叉概率 P_{cross}	变异概率 P_{mutate}	最大迭代次数 $imutation_{max}$	K
100	0.7	0.1	400	5

基于 K-means 聚类算法对 32 个客户点进行 K-means 均值分析,聚类数 K 取 5,随机选择 5 个初始聚类中心,即点 a～点 e。第一类客户点包含 2、8、9、14、27 和 28;第二类客户点包括 3、6、19、25 和 30;第三类客户点包括 5、15、21、32 和 33;第四类客户点包括 7、12、16、17、20、23 和 29;第五类客户点包括 4、10、11、13、18、22、24、26 和 31。K-means 聚类算法的聚类结果如表 6.3 所示,该算法下各类客户分布状况如图 6.9 所示。

表 6.3 K-means 聚类算法的聚类结果

临时停靠点	客户点
a	2、8、9、14、27、28
b	3、6、19、25、30
c	5、15、21、32、33
d	7、12、16、17、20、23、29
e	4、10、11、13、18、22、24、26、31

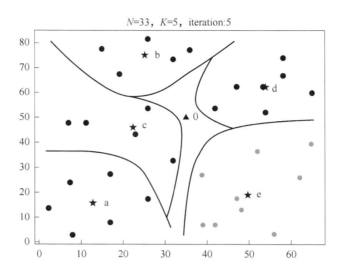

图 6.9 K-means 聚类算法下各类客户分布状况

根据以上参数设置,采用遗传算法对车辆-无人机组合配送模式中的第二级配送路径进行规划分析,得到的最优路径规划方案如表 6.4 所示,其中字母 a~e 表示临时停靠点,数字 0 表示配送中心,括号内数字为无人机返回车辆与车辆汇合时对应的客户点编号。

表 6.4 车辆-无人机组合配送最优路径规划方案

编号	车辆配送路线	无人机配送路线
1	0→a→27→28→0	a→2→14→9→8→(27)
2	0→b→19→30→0	b→3→25→6→(30)
3	0→c→21→5→0	c→15→33→32→(21)
4	0→d→12→16→7→0	d→23→17→29→20→(16)
5	0→e→18→22→24→4→0	e→10→26→31→13→11→(24)

在该车辆-无人机组合配送路径规划方案中,按照第一级的聚类结果,选择相应临时停靠点,共形成了 5 条配送路径。以第一条路径为例,车辆从配送中心出发,行驶至临时停靠点 a 处,发射无人机,无人机从 a 点出发前往 2 号客户点,依次进行 14 号、9 号、8 号客户的配送,无人机完成该路径上的全部配送任务后返回 27 号客户点与车辆汇合。无人机执行配送任务期间,车辆从临时停靠点 a 出发前往 27 号客户点进行配送,在 27 号客户点回收无人机后,车辆搭载无人机前往 28 号客户处进行配送。全部配送任务完成后,车辆搭载无人机返回配送中心,该路径上

的配送活动结束。

在上述车辆-无人机组合配送路径规划方案中,车辆配送路径总长为 433 km,总耗时 10.83 h;无人机配送路径总长为 290 km,总耗时 5.36 h。整个配送过程用时 16.19 h。相比全程使用车辆进行配送所耗时长(32.83 h),车辆-无人机组合配送模式共节省 16.64 h,有效提高了配送时效。车辆-无人机组合配送路径规划结果如表 6.5 所示。

表 6.5 车辆-无人机组合配送路径规划结果

编号	车辆行驶路程 /km	无人机飞行路程 /km	车辆行驶时长 /h	无人机飞行时长 /h	总时长 /h
1	122	57	3.05	1.06	4.11
2	72	41	1.8	0.76	2.56
3	50	45	1.25	0.83	2.08
4	54	63	1.35	1.17	2.52
5	135	83	3.38	1.54	4.92
总计	433	290	10.83	5.36	16.19

6.4 本章小结

本章针对特殊地形区域"最后一公里"的包裹配送交付问题,提出车辆-无人机组合配送的方式,通过构建车辆-无人机组合配送模型,最小化这一配送场景下的配送时间,提高配送时效。建立三级配送网络模型,求解过程包括一级配送网络临时停靠点的选择、二级网络客户点的分配以及三级网络中车辆与无人机配送路径的优化,利用 K-means 聚类算法和遗传算法进行求解,给出车辆-无人机组合配送的优化策略。仿真实验表明,车辆-无人机组合配送模式能够有效提高山区等特殊地形区域的配送时效。

参考文献

[1] RUMELHART D E, HINTON G E, WILLIAMS R J. Learning representations by back-propagating errors[J]. Nature,1986,323(6088):533-536.

[2] OUSSAMA K. Real-Time Obstacle Avoidance for Manipulators and Mobile Robots[J]. The International Journal of Robotics Research,1986,5(1):90-98.

[3] SI Y N, PU J X, SUN L F. Overview of research on approximate reinforcement learning algorithms[J]. Computer Engineering and Applications,2022,58(8):33-44.

[4] 陈科圻,朱志亮,邓小明,等. 多尺度目标检测的深度学习研究综述[J]. 软件学报,2021,32(04):1201-1227.

[5] KRIZHEVSKY A,SUTSKEVER I,HINTON G E. Imagenet classification with deep convolutional neural networks[C]//25th International Conference on Neural Information Processing Systems,2012:1097-1105.

[6] 张瑶,卢焕章,张路平,等. 基于深度学习的视觉多目标跟踪算法综述[J]. 计算机工程与应用,2021,57(13):55-66.

[7] YAN B,FAN P,LEI X,et al. A real-time apple targets detection method for picking robot based on improved YOLOv5[J]. Remote Sensing,2021,13(9):1619.

[8] HUANG Z,WANG J,FU X,et al. DC-SPP-YOLO:Dense connection and spatial pyramid pooling based YOLO for object detection[J]. Information Sciences,2020,522:241-258.

[9] HAN B G, LEE J G, LIM K T, et al. Design of a scalable and fast yolo for edge-computing devices[J]. Sensors, 2020, 20(23): 6779.

[10] 李鹏飞, 马航. 基于病毒协同遗传算法的自动化立体仓库货位优化模型[J]. 中国管理科学, 2017, 25(05): 70-77.

[11] MAN X, ZHENG F, CHU F, et al. Bi-objective optimization for a two-depot automated storage/retrieval system [J]. Annals of operations research, 2021, 296(1/2): 243-262.

[12] 刘恺文, 曹政才. 基于改进灰狼优化算法的自动化立体仓库作业能量优化调度[J]. 计算机集成制造系统, 2020, 26(02): 376-383.

[13] 王姗姗, 张纪会. 穿梭车仓储系统复合作业路径优化[J]. 复杂系统与复杂性科学, 2021, 18(01): 63-72.

[14] 何昕杰, 周少武, 张红强, 等. 基于改进遗传算法的四向穿梭车系统订单排序优化[J]. 系统仿真学报, 2021, 33(09): 2166-2179.

[15] 隋振, 吴涛, 唐志国, 等. 四向穿梭车仓储系统的多订单任务调度优化[J]. 吉林大学学报(理学版), 2022, 60(02): 332-342.

[16] 潘富强, 曾成, 马国红, 等. 一种融合改进A*算法与改进动态窗口法的AGV路径规划[J]. 传感技术学报, 2023, 36(01): 68-77.

[17] 肖金壮, 余雪乐, 周刚, 等. 一种面向室内AGV路径规划的改进蚁群算法[J]. 仪器仪表学报, 2022, 43(03): 277-285.

[18] 胡蔚旻, 靳文舟. 改进平滑A*算法的多AGV路径规划[J]. 计算机工程与应用. 2020, 56(16): 204-210.

[19] MOSHE D, PIERRE T. Savings by Split Delivery Routing [J]. Transportation Science, 1989, 23(2): 141-145.

[20] 李华峰, 黄樟灿, 张蔷, 等. 求解需求可拆分车辆路径问题的改进的金字塔演化策略[J]. 计算机应用, 2021, 41(01): 300-306.

[21] 姜婷. 求解需求可拆分车辆路径问题的人工蜂群算法[J]. 四川理工学院学报: 自然科学版, 2017(3): 6-9.

[22] 闵嘉宁, 金成, 陆俐君. 解决需求可拆分车辆路径问题的先聚类后路径方法[J]. 制造业自动化, 2018, 40(11): 142-147.

[23] 任璇, 黄辉, 于少伟, 等. 车辆与无人机组合配送研究综述[J]. 控制与决策, 2021, 36(10): 2313-2327.

[24] MARIO M, LEONARDO C, MICHELE O, et al. En route truck-drone

parcel delivery for optimal vehicle routing strategies[J]. IET Intelligent Transport Systems,2018,12(4):253-261.

[25] VU L,VU D M,MINH H H,et al. The two-echelon routing problem with truck and drones[J]. International Transactions in Operational Research, 2022,29(5):2968-2994.

[26] KITJACHAROENCHAI P, MIN B C, LEE S. Two echelon vehicle routing problem with drones in last mile delivery[J]. International Journal of Production Economics,2020,225(4):107598.